ÉXITO EN 30 PASOS. CAMBIA TU VIDA.

A mis ángeles Sol, Nati, Lola, José María, Fran, Nuri, Félix, Suli y mis padres.

Número de registro: 202299902900336

Número de expediente: SE-536-22

Consultas: donaire.films@gmail.com

Tabla de Contenido

1. La Visión

Steve Jobs, gracias a su visión, pudo crear una de las compañías más grandes de todos los tiempos: Apple. Él mismo se definió como un inadaptado, alguien que quería ser diferente a lo establecido. Jobs funda Apple en el garaje de la casa de sus padres adoptivos. La visión que tenía Jobs era que todos tuviéramos en nuestras manos un libro que pudiéramos transportar a cualquier parte del mundo, que tuviera toda la información dentro de él y que pudiéramos aprender a usarlo en menos de veinte minutos. Así llegaron Ipad, Iphone, Mac, etcétera…

Cuando Jobs creó Apple tenía la visión de que las computadoras personales cambiarían el mundo por completo. Con el Iphone quería transformar la comunicación. Su visión era el motor que impulsaba sus acciones.

"La única manera de hacer un gran trabajo es amar lo que haces. Si aún no lo has encontrado, sigue buscando. No te conformes".
Steve Jobs

"Si estás trabajando en algo interesante, que realmente te importa, no necesitas que te empujen porque la visión te impulsará".
Steve Jobs

La visión es tu timón, es lo que te dirigirá a tu destino soñado. Mi visión era convertirme en director de cine y en un gran artista. Voy a contar en este libro algunos de los pasos que me llevaron a conseguirlo.

Es importante que tengas la película muy clara en tu mente. No resultará tal cual, pero tienes que intentar que sea lo más parecido posible a lo que tienes pensado. De todas formas creo que es mejor ir adaptándote siempre a los medios que tienes y posteriormente a los clips que tienes para el montaje.

Si no hay dinero para steadycam, ni grúas, ni travelling pues no pasa nada, inventa otra forma. Saca partido a tu imaginación para tener el mejor guion posible y hacer la mejor película. Pero siempre debes tener una visión. Por supuesto, me puedo equivocar en cualquiera de mis comentarios, escribo mis opiniones según mi experiencia. Tal vez, dentro de unos años, cuando lo vuelva a leer, pueda cambiar de opinión.

Como director de cine todos te van a preguntar cada día. Por tanto, tienes que tener muy claro lo que quieres y dejarlo todo listo lo antes posible previo al rodaje. Los días de rodaje debes solventar todas las dudas que se le ocurran a cualquier miembro del equipo. Si dudas, todos empezarán a opinar, y eso no es bueno. Recuerdo un día que estaba agotado por el estrés de ser mi primera película como director, productor y guionista. En una secuencia no expliqué claramente qué tipo de plano quería y cómo rodarla. Al momento, hasta seis personas diferentes del equipo empezaron a opinar sobre la forma en que había que rodar la secuencia, y eso no es nunca una buena señal. Debes DIRIGIR, aunque te equivoques. De hecho, si te equivocas mejor, pues no te arrepentirás de lo que hayas hecho mal. Pero sí te acordarás y te arrepentirás si hay alguna secuencia que no te gusta y no la has dirigido de la forma en que tú querías.

"A veces, cuando innovas, cometes errores. Lo mejor es admitirlos rápidamente y continuar mejorando tus otras innovaciones".
Steve Jobs

Steve Jobs dejó la universidad y el trabajo. Viajó a la India con tan sólo 19 años, en una experiencia de exploración personal. Creó su propia empresa de la que fue despedido. Pero eso no le detuvo. Creó otra nueva empresa, Next, reinventó Pixar y años más tarde regresó a Apple para liderar una nueva transformación. Cuando regresó, la compañía atravesaba una crisis financiera. La solución no era recortar gastos sino innovar, dijo. Su visión le hizo seguir y lo mantuvo firme, aceptando los cambios, pero fijando claro su destino.

"Tienes que confiar en que los puntos se conectarán de alguna forma en el futuro. Tienes que confiar en algo: tu instinto, el destino, la vida, el karma o lo que sea. Porque creer que los puntos se conectarán luego en el camino te dará la confianza para seguir tu corazón y eso hará toda la diferencia".

Steve Jobs

2. LOS PROBLEMAS SON BENDICIONES

Cuanto antes te equivoques, antes aprenderás. Pero eso no significa que te lanzarás a la piscina sin prepararte antes de la mejor manera posible. Para cualquier negocio es importante organizarlo, pensarlo, rodearte de los mejores compañeros y socios, reclutar a los trabajadores más idóneos, calcular los presupuestos, hacer el plan de negocios y un largo etcétera.

Sin embargo, por mucho que planifiquemos, nunca saldrán los planes tal cual figuran en un papel. Siempre habrá imprevistos y problemas. Estos imprevistos y problemas tenemos que afrontarlos como lo que son: una bendición. Cuantos más problemas tengamos que resolver, más fuertes nos haremos y más rápido aprenderemos. Esos son los peldaños hacia el éxito.

"La crisis es la mejor bendición que puede sucederle a las personas, porque la crisis trae progresos".
Albert Einstein

Einstein decía que en la crisis nacen la inventiva, los descubrimientos y las grandes estrategias. Albert Einstein tuvo una niñez difícil. Comenzó a leer y escribir mucho más tarde que otros niños de su edad. No habló con fluidez hasta los nueve años. Sus profesores pensaban que era lento. En la escuela, uno de sus profesores le dijo que nunca conseguiría nada en la vida. Luego, fue expulsado de la escuela por su naturaleza rebelde y se le denegó la entrada a la Escuela Politécnica de Zurich. Einstein cometió incontables errores antes de crear sus teorías.

"Una persona que nunca ha cometido un error, nunca ha intentado hacer algo nuevo".

Albert Einstein

Einstein es considerado el científico más famoso del siglo XX, a quien le fue otorgado el Premio Nobel de Física.

Llega un momento en el que lo mejor es pasar a la acción. Aprender sobre la marcha. Ir corrigiendo. La mayoría de los grandes emprendedores fracasaron en sus primeros intentos, pero vuelven a intentarlo una y otra vez hasta conseguirlo.

Grandes problemas pueden ser grandes bendiciones encubiertas. Los sucesos que ocurren en nuestras vidas nos hacen sentir diferentes emociones. Pero lo más importante es el significado que nosotros les demos a esos sucesos. Por ejemplo, si rompes con tu pareja. Puedes pensar que nadie te volverá a querer, que no tienes atractivo y que nunca encontrarás otra pareja. Por otra parte, puedes pensar que es una oportunidad para encontrar otra pareja mejor. Todo depende de tu actitud e interpretación.

Si te quedas sin trabajo puedes sentirte deprimido y angustiado. O bien, puedes reconocer que no te gustaba nada ese trabajo, que no te sentías realizado y que ahora tienes una gran oportunidad para comenzar en un nuevo trabajo que te llene de ilusión cada día. A toda situación se le puede buscar el lado positivo. Mis pensamientos son los que me hacen sentirme infeliz o contento, no mis circunstancias. Yo controlo mis pensamientos y elijo ver cada problema como una oportunidad.

3. EQUIVOCARSE ES LA ANTESALA DEL ÉXITO

Me he equivocado cientos de veces y sé que seguiré haciéndolo. La diferencia es que ahora lo veo como algo normal y necesario. Antes le tenía temor a equivocarme y me provocaba ansiedad.

J.K Rowling, la autora de Harry Potter, la escritora más rica del mundo, es un ejemplo. Siete años después de graduarse en la universidad se vio a sí misma como un fracaso. Su matrimonio había fracasado, estaba desempleada, con una hija pequeña a su cargo y sobreviviendo a duras penas con un cheque de la seguridad social británica. "No conocía a nadie tan fracasada como yo" aseguró la escritora.

"El fracaso implicó deshacerse de todo lo innecesario. Dejé de fingir ante mí misma algo que no era y comencé a dedicar mis energías al único trabajo que me importaba".

J.K Rowling

Pero ni así fue fácil. Acabó su primer libro que fue rechazado por 12 editoriales. Lo que ocurrió más tarde ya lo sabemos. Después de muchos rechazos, una pequeña editorial se interesó por su obra. Harry Potter es la más vendida de la historia con más de 500 millones de ejemplares.

"No duermas para descansar, duerme para soñar".

Walt Disney

Puedes hacer una película, si es un guion sencillo, con un presupuesto de 2.000 euros, con 300.000 euros o gastarte 9.000.000 de euros.

Si es tu primera película y la quieres hacer ahora, simplemente hazla. Nada te lo impide, solo las limitaciones en tu mente. En mi caso, quería hacer mi película con 300.000 euros y me costó darme cuenta de que podría tardar muchos años en conseguir ese dinero o que algún productor apostara por mí.

"No pidas permiso. Hazlo ahora, arrepiéntete después".
Paulo Coelho

Si eres el hijo de Coppola o de alguna persona poderosa de la industria todo es más fácil y seguro que te financian tu película con un gran presupuesto. Pero ese no era mi caso, y después de acudir a pitchings, enviar el guion a muchas productoras e intentarlo de todas las maneras posibles, pensé: lo hago ahora o nunca.

"La vida es sueño y los sueños, sueños son".
Calderón de la Barca

Eso no quiere decir que dejes de intentarlo. Envía tu guion a todas las productoras a las que crees que les pueda interesar. Si no lo envías, seguro que no lo leerán.

Así que me fui dando cuenta poco a poco de que tenía que ir bajando el presupuesto para que fuera posible hacer la película con los pocos medios de los que disponía en aquel momento. Finalmente, lo hicimos por 30 veces menos de lo previsto al principio.

"Mejorar es cambiar; así que para ser perfecto hay que cambiar a menudo".

Winston Churchill

Si sólo tienes 1.000 euros, hazlo con esa cantidad, cualquier persona tiene acceso a esa cantidad. Pidiendo prestado, haciendo crowdfounding, trabajando varios meses y ahorrando... Con 1.500 euros hice una película que se estrenó en cines, está en Amazon Japón, USA, UK, Al Jazeera en todos los territorios árabes, otras plataformas y consiguió muchas noticias en televisión y prensa.

Aunque este no es el camino para vivir del cine, puede ser una opción para hacer tu primer largometraje, ya que, tal vez, de otra forma te puede llevar mucho más tiempo o puede significar no hacerla jamás. Confía en ti. Aprende, equivócate y sigue.

4. La Historia

Nuestra historia debe tener alma, ser única, y contener parte de nuestro ser, nuestras inquietudes, sentimientos y emociones. Debe ser hecha con el corazón. Toda empresa debe tener su storytelling, su razón de ser, su alma. Si tiene nuestro sello personal, nuestra visión única será más auténtica y tendrá más posibilidades de llegar al espectador o cliente final.

Lo más importante es la historia. Es mi pasión por lo que hago lo que me da fuerzas para seguir. Esa ilusión es lo que hace que el trabajo no sea trabajo sino disfrute. Es mi necesidad de contar esa historia, de transmitir esas emociones y sentimientos lo que me da alas.

"Si realmente amas el cine con todo tu corazón y con suficiente pasión, no puedes evitar hacer una buena película".
Quentin Tarantino

Como cualquier aspirante a cineasta, los comienzos de Quentin Tarantino no fueron nada sencillos. Antes de conseguir dirigir un largometraje tuvo que encontrar la manera de sobrevivir. Trabajó en un videoclub y vendió guiones.

"Cuando alguien me pregunta a qué escuela de cine he ido, yo respondo: No fui a ninguna escuela de cine, solo fui al cine".
Quentin Tarantino

No es necesario ir a una escuela de cine para ser un buen director de cine. Tarantino es un buen ejemplo de ello. Yo tampoco fui a ninguna escuela. Aprendí haciendo cortometrajes, rodeándome de personas que sabían y aprendiendo de ellos. Un director de cine me dejó acudir a un rodaje para poder aprender. Estuve en la filmación del largometraje un mes, observando todo lo que allí hacían. Aprendí a escribir escribiendo, leyendo todos los libros de guion, preguntando, escudriñando mis guiones favoritos y estudiando novelas y sus adaptaciones al cine. Aprendí a dirigir actores observando a directores de teatro. Les pedía el favor de poder observar los ensayos de sus obras y cómo ellos magistralmente lideraban a sus actores.

Volviendo a Tarantino: "Odié esa maldita película. Si te gustan mis cosas, no veas esa película", dijo hace un tiempo en conversaciones con un periódico, acerca de los numerosos cambios que Oliver Stone hizo de su guion "Asesinos Natos", los cuales no gustaron nada a Tarantino.

Para llegar a donde queremos, hay que aceptar que no todo será un camino de rosas. Pero cada pequeño paso nos ayudará a llegar a nuestro objetivo.

Clarence, el personaje interpretado por Christian Slater en "Amor a quemarropa", otro de los guiones que Tarantino tuvo que vender antes de poder dirigir, tiene gran parte del propio Tarantino. Este último trabajaba en un videoclub, mientras que Clarence lo hacía en una tienda de cómics.

Si no tienes un buen guion, será mejor que no inicies esta aventura. Es mucho tiempo lo que te va a consumir este proyecto. Si no tienes una buena historia que contar, verdaderamente no merece la pena. Debe ser importante para ti. En mi caso, yo lo coescribí con mi amigo Pedro Andreu, con quien tengo muy buena relación. Si prefieres escribir solo, está bien. Por mi parte disfruto mucho coescribiendo con algún amigo, alguien que va en la misma dirección que uno, que tiene los mismos gustos sobre cine, la misma visión. Debe ser una persona con la que tengas una gran química. Esa sensación es maravillosa y disfrutas el viaje el doble al compartirlo.

A mí me resulta mucho más fácil ir intercambiando mails y escrituras e ir corrigiendo, así un escritor va impulsando al otro. O hacerlo en "retiros" con mi coguionista. En ellos, aparte de escribir el guion, lo pasamos genial viendo películas, hablando de cine y de todo lo que nos apasiona, echando multitud de risas cada día. Es un trabajo que, si tuviera que hacerlo solo, podría realizarlo igualmente. Sin embargo, es luego, a la hora de mejorarlo, darle más calidad, retocarlo, adaptarlo al presupuesto y a la localización, cuando notas más el apoyo y la fuerza de tener un compañero. Pienso que esa retroalimentación siempre añade un plus de calidad al guion, además de que, cuando es compartido, todo sabe mejor.

5. Paso a Paso.
La Perseverancia, Un Valor Seguro.

Una vez definido el objetivo, deberás dividirlo en muchos pequeños pasos. Luego, a cada uno de esos pequeños pasos fijarle un "deadline", es decir, una fecha límite para su ejecución. Por ejemplo, si como primer paso queremos elegir a nuestros actores, podemos organizar esa tarea en varias y a cada una de ellas asignarle una fecha concreta de finalización. En este caso, sería publicar el casting, establecer un lugar para hacerlo, publicar un anuncio con la convocatoria, etc.

Roma no se hace en un día. Incluso Steven Spielberg tuvo que construir su carrera paso a paso y es un ejemplo de perseverancia.

Spielberg, justo antes de decidir qué carrera quería estudiar, se presentó al examen de admisión de la Escuela de Artes Cinematográficas de la Universidad del Sur de California y también en Los Ángeles. Hasta en tres ocasiones fue rechazado en ambas. La negativa no lo hundió, sino todo lo contrario. Spielberg tuvo que buscar otra escuela. Luego trabajó en los estudios Universal e hizo muchos cortometrajes, hasta que uno de los empleados recomendó su trabajo y tuvo su primera oportunidad.

Paso a paso. Peldaño a peldaño, un poquito más cerca de su meta cada vez.

Años después, con tres premios Oscar en su casa, otorga donaciones a la escuela que no lo admitió, para que otros apasionados como él se conviertan en grandes artistas del cine. Spielberg fue rechazado muchas veces. Esto le daba más fuerza cada vez. Le hacía ver que tenía que esforzarse más, mejorar continuamente y perseverar para lograr sus sueños.

Cuando pinto, a veces me sale una obra maravillosa al primer intento. Pero en algunas ocasiones tengo que "borrar" todo lo que he pintado o modificarlo varias veces, comenzar de nuevo, destruir y luego crear de nuevo. Seguir intentándolo hasta lograr crear la obra que quiero. En el camino, debo olvidarme rápidamente de todos los "errores" que cometo. En el cine es igual. Todos erramos. No tiene ninguna importancia equivocarse, es algo normal.

"Tenemos mucho tiempo por delante para crear los sueños que aún ni siquiera podemos imaginar". "Yo sueño para vivir ".

Steven Spielberg

6. ÁNGELES

Rodéate de un equipo de ángeles. Permanece atento, aparecerán ángeles en tu vida. Todo es mucho más fácil en el rodaje o en tu empresa si te encuentras rodeado de ellos.

Es importante que tengas cerca a personas que saben más que tú. Que no te dé vergüenza reconocer que otros tienen más experiencia o más conocimientos que tú. Sin son mejores que tú en algún aspecto, esto te beneficiará, pues te podrán ayudar más y mejor. Intenta conseguir a los mejores profesionales. El equipo técnico que tuvimos en el rodaje fue maravilloso, sumado a un buen ambiente que ayudó a realizar la película. Me sentía rodeado de ángeles. Así todo es mucho más fácil. Rodeado de buena gente en la que apoyarse y sentirse seguro, sabiendo que son profesionales y que cada uno en su departamento va a realizar bien su trabajo. La buena comunicación y las buenas vibraciones son esenciales. Disfruta cada día y pásatelo bien mientras lo consigues.

"Ir juntos es comenzar, mantenerse juntos es progresar, trabajar juntos es triunfar".
Henry Ford

Henry Ford, uno de los empresarios más conocidos y ricos de la industria del automóvil, revolucionó la industria moderna gracias a su novedosa técnica de producción en cadena.

Un periódico publicó éditoriales en los que insultaban a Henry Ford. Entonces, Ford los demandó por injurias.

En el juicio, los abogados del periódico trataron de demostrar que Ford carecía de conocimientos generales. Ford, cansado de las preguntas, respondió: Si realmente quisiera contestar a la pregunta tonta que me acaba de realizar, o a cualquiera de las otras preguntas que me ha estado haciendo, permítame recordarle que tengo sobre mi escritorio una hilera de botones. Y pulsando sobre cualquiera de ellos puedo citar a hombres de mi confianza para que respondan a cualquier pregunta que desee hacerles sobre el negocio al que dedico mis esfuerzos. Entonces, ¿sería tan amable de decirme por qué debo saturar mi mente con conocimientos generales para responder a sus preguntas, cuando tengo personas a mi alrededor que me pueden proporcionar en cualquier momento el conocimiento que necesito?

Como Henry Ford, consigamos reunir alrededor nuestro a personas que sepan más que nosotros, expertos en conocimientos y experiencias que nos falten, y así seremos un equipo ganador.

"En un equipo, el talento gana partidos, pero el trabajo en equipo gana campeonatos".

Michael Jordan

En el equipo de Jordan cada jugador tenía sus habilidades. Al juntarlas se convertían en algo imparable. Definieron lo que es jugar en equipo y la importancia que tiene para ser campeones de la NBA.

Michael Jordan, uno de los mejores deportistas de la historia, reconoce que sin su equipo, él no habría ganado campeonatos.

Yo era de los que pensaba que lo tenía que hacer todo yo solo, ser empresario autónomo y trabajar 24 horas cada día, porque mi padre me lo inculcó. Desde muy pequeño lo veía trabajar día y noche. Mi padre tenía un restaurante de la vieja escuela, de los buenos restaurantes en los cuales el dueño siempre estaba y conocía a todos sus clientes. Los clientes se convertían en sus amigos. Mi padre me decía que tenía que ser el mejor y trabajar duro. Tal vez en un restaurante eso sea cierto, pero los tiempos cambian.

Cuando he trabajado muy duro no he visto resultados. Cuando he trabajado con el apoyo de un equipo, los resultados han llegado más fácilmente, más rápidamente y con menos esfuerzo.

En la pintura, comencé con mi amiga Nuria. Ella me invitó a su estudio, el lugar donde ella daba clases. Allí había pintores o aficionados a la pintura, sus alumnos, todos los días, pintando. Yo le consultaba y ella me orientaba y ayudaba en mis primeros pasos. Sin ella, jamás hubiera comenzado a pintar ni hubiera conseguido hacer mi primera exposición de pintura.

En el campo de la pintura ella fue mi mentora. Y sus alumnos y su taller fueron mi universo donde crear, donde comentar mis avances y experimentos, un lugar al que sentía que pertenecía.

Sin ese universo nada hubiera sido igual. Junto a un grupo de personas, un "equipo" de personas en las cuales apoyarme, consultar, comentar mis experimentos, un espacio donde todos "jugábamos". En ese ambiente tan maravilloso yo disfrutaba. Con un equipo todo se consigue de manera más natural, más fácil, con menos esfuerzo y de forma más divertida. Se avanza más rápido.

Sin duda, todo es posible con un mentor en quien apoyarse. Gracias infinitas a Nuria, uno de mis ángeles, quien siempre me ayudó. Gracias a mis compañeros de pintura del taller por ese lugar mágico.

"Cuanto más confíes y creas en los ángeles, más ellos derramaran sus bendiciones sobre ti".

Denise Linn

Con la escritura me ocurrió lo mismo. Puedo escribir solo, sin duda. Y ahora he conseguido escribir mucho mejor, tener más creatividad, "escribir de verdad", crear historias de la nada. Magia. Lo logré sin darme cuenta. Al principio pensaba que era imposible, y que tendría que basarme en otras historias, "copiar" o adaptar. Sin embargo, como en la pintura o la fotografía, se aprende haciéndolo. Si practicas, practicas y practicas, llega un momento en el que, como por arte de magia, sabes hacerlo. De repente creas, a base de cometer muchos errores o simplemente de intentarlo.

Si tienes un mentor, un profesor o trabajas con alguien que ya lo domina, está claro que aprenderás mucho antes.

Mi primer guion de largometraje fue una adaptación. Todo el mérito fue de Pedro, porque la historia estaba completamente hecha y era "perfecta". Casi no modificamos nada respecto a la obra original. La novela sigue siendo mucho mejor que la película. "El Secadero de Iguanas". Comprarla, leerla, devorarla, es fantástica.

Con Pedro fue todo muy fácil desde el principio. Él es una persona maravillosa, honesta, sincera, humilde y generosa. Todo el mérito de la obra es de él. Fuimos coguionistas, pero la obra es suya. Él me ayudó mucho, incluso en el montaje, en la traducción y en las sucesivas versiones de guion que tuvimos que "recortar", no porque quisiéramos, sino para poder hacer la película. Su apoyo me dio fuerzas y energías para seguir. Gracias, Pedro. Eres otro ángel.

"Pues ÉL mandará que sus ángeles te cuiden por dondequiera que vayas. Te levantarán con sus manos para que no tropieces con piedra alguna".

Salmo 91

Un equipo o un compañero nos hacen la vida mucho más fácil y nos ayudan a conseguir nuestros objetivos, disfrutando el camino en compañía.

Todos tenemos momentos más bajos. Cuando tienes un equipo, esos momentos desaparecen porque la otra persona o miembros del equipo tiran de ti y viceversa.

En tu camino al éxito te encontrarás con personas que te ayudarán y estarán para ti en todo momento. No las dejes marchar y agradéceles que estén ahí a tu lado. No tienen precio. Son regalos caídos del cielo. Los milagros existen. Son personas desinteresadas, generosas, amables y atentas, siempre dispuestas a escucharte y a darte ánimos.

Gracias a los ángeles encuentras fuerzas para seguir persiguiendo tus sueños. Permanece atento y cuando uno llegue a tu vida haz lo posible por conservarlo. Cuídalo.

Nunca podré agradecer ni devolver todo lo que los ángeles que me he encontrado en mi camino me han dado.

En momentos en los cuales piensas que no es posible seguir, ahí están ellos para prestarte sus alas y que sigas volando.

7. SOÑAR

Mi película "Carmen. Muerte por un sueño" está disponible en Amazon Japón, USA, UK, Al jazeera, en todos los territorios árabes y se proyecta en cines en París y Tokio, dos lugares con los que había soñado. "El Secadero de Iguanas" está disponible en Amazon, Movistar y más de 15 plataformas. Soñé que mis películas se verían en el mundo entero. En mi mente, esos sueños ya eran realidad antes de que ocurrieran.

Como un barco debe tener claro su destino y saber a qué puerto debe arribar, el capitán también debe conocer el puerto de destino. Cada pasito que vamos dando nos acerca un poquito más a nuestra meta, ya sea hacer una película y proyectarla en cines, estrenarla en un festival o escribir una historia romántica. Antes de hacerlo, hay que imaginarlo. Nuestra mente se encargará de "inventar" formas de hacerlo realidad. Por ejemplo, un primer paso podría ser escribir el guion de nuestra película. Entonces, debemos buscar soluciones: busca con quién coescribirlo o bien a alguien que lo haga por ti, un experto que te asesore, haz un curso intensivo para aprender y ser autodidacta, escribe, reescribe y vuelve a escribir…

Para arribar al objetivo nada mejor que "quemar las naves", tener un objetivo bien definido y claro. Este dicho proviene de un hecho histórico. Narra la historia de un comandante al mando de toda su flota de barcos, quien, al divisar al enemigo en la orilla esperando su desembarco, se percató de que los triplicaban en número. Los marineros estaban asustados. El comandante mandó quemar todas las naves. Así pues, la única posibilidad de terminar con vida era desembarcar y ganar la batalla, ya que no tendrían otra forma de volver. Finalmente vencieron.

"Piensa, sueña, cree y atrévete".
Walt Disney

Lo primero para lograr algo es tener claro qué es lo que queremos, definir donde queremos llegar y descubrir porqué queremos llegar a ese objetivo. Ese porqué es el que tumbará todos los obstáculos. Para ser feliz, para vivir mejor, para trabajar en lo que me gusta, para comprarles una casa a mis padres, para darle una vida mejor a la gente que quieres, por amor…

"Si puede ser escrito o pensado, puede ser filmado".
Stanley Kubrick

8. Nada Es Imposible

Me funcionó pensar que nada es imposible. Hay una frase que te van a repetir durante todo el proceso: "Eso es imposible". Muchas personas creerán que jamás llegarás a hacer la película o a crear una nueva empresa. No dejes que te afecten esos comentarios.

"Todo logro tiene su principio en una idea". "Todo lo que tu mente puede imaginar, es posible crearlo y alcanzarlo".

Napoleón Hill

Hill afirma que todo empieza con un ferviente deseo que se orienta a la acción a partir de un propósito inicial muy preciso.

Después de la experiencia en rodajes, respeto muchísimo a cualquiera que haya dirigido y/o producido una película. Es una de las tareas más difíciles a la que te enfrentarás a lo largo de tu vida, igual que crear una empresa. Quien haya sido emprendedor lo sabe de primera mano. Iniciar una empresa de cualquier sector es una odisea, una gran aventura.

Antes, cuando veía una película que no me gustaba pensaba: "Qué director más pésimo" o "Cómo puede alguien producir este tipo de películas".

Ahora respeto a todos, porque seguro habrá otras personas a las que sí les guste esa película. Todos tenemos gustos diversos, somos diferentes. Su trabajo merece un respeto y admiración, han invertido mucho tiempo y esfuerzo.

Pasito a pasito, con esfuerzo, trabajo, sacrificio y ayuda de los demás todo es posible. Cada día hacía algo que me acercaba más a mi objetivo por pequeñito que fuera. Cuanto antes me equivocara, mejor, así antes podría buscar la solución. Siempre tendremos problemas, así que, en mi caso, funcionaba mucho mejor cuando lo tomaba como una enseñanza y aprendizaje. Si tiene solución, lo mejor es ponerse manos a la obra; si no tiene solución, pues a otra cosa.

Las personas que piensan en grande hacen que las cosas sucedan, aunque al principio fracasen una y otra vez. Siguen hasta que lo consiguen, no esperan el momento perfecto para iniciar cualquier proyecto, porque ese momento no existe.

"Los que dicen que algo es imposible no deberían molestar ni interrumpir a los que lo están haciendo".

Thomas Edison

"Todo es energía y eso es todo lo que hay. Sincronízate con la frecuencia de la realidad que quieres crear y no podrás hacer otra cosa que conseguirla. No puede ser de otra manera. Esto no es filosofía, es física".

Albert Einstein

Según estudios científicos, somos fundamentalmente energía. Si somos energía, la parte más importante de nosotros es nuestra alma. Lo que ocurre que la mayor parte del tiempo nuestra mente se mantiene ocupada en comportamientos automáticos y rutinas. Y esas rutinas gobiernan nuestra mente. Levantarse, ducharse, desayunar, conducir, ir al trabajo, volver, ver la televisión, quedar con un amigo, hablar con tu pareja, comer, dormir y vuelta a empezar cada día. Los mismos pensamientos, las mismas acciones, las mismas rutinas. Para cambiar debemos modificar nuestros pensamientos.

Escribir nuestro objetivo, meditar y visualizar el objetivo que queremos alcanzar enfoca nuestra mente y energía. Por ejemplo, si quiero estar más delgado o más fuerte, me visualizo y me siento con ese cuerpo. Me visualizo más ágil, más ligero, con más vitalidad. Me imagino y lo siento como si ya fuera real. Siento la brisa y el sol en mi cuerpo. Siento que cuando ando parece que voy flotando. Me siento más fuerte.

"La energía de la mente es la esencia de la vida".

Aristóteles

9. Cómo Empezar

"El hombre es un genio cuando está soñando".

Akira Kurosawa

Puede ser con una idea, una inspiración o un encuentro. Anteriormente había trabajado en la banca, en Caixa y BBV, así como de abogado en el departamento jurídico de una multinacional. También fui propietario de un restaurante que creé desde cero. Sólo había un local vacío en bruto que se convirtió en un restaurante. Además de otros muchos trabajos. De profesor, repartidor, en parques temáticos, como asesor en Diputación y Ayuntamiento, en supermercados, como azafato... Ahora trabajo como director de cine, guionista, productor, pintor y fotógrafo. El arte me hace sentir pleno. Cuando estoy creando es el momento en el cual soy verdaderamente feliz.

"El arte no es lo que ves, sino lo que haces ver a los demás".

Edgard Degas

Retomando al momento de mi cambio de dirección en la vida. No me sentía realizado ni disfrutaba con mi trabajo. Inicié el Camino de Santiago desde Roncesvalles a Finisterre. Fueron 33 días caminando por el norte de España y conociendo personas de todas las partes del mundo, con las que tenía todo el tiempo para hablar de verdad y conocer nuevas culturas e ideas. Fue un momento para reflexionar y encontrar inspiración.

"¿Qué sería la vida si no tuviéramos el valor de intentar cosas
nuevas?".

Vincent Van Gogh

Yo quería grabar un documental acerca de todo este proceso. No sabía ni encender una cámara. No sabía nada de fotografía, ni mucho menos de cine. Me inscribí en un postgrado de cine documental, aunque empecé por la ficción. La realidad es que era un curso intensivo por las tardes de tan sólo 2 meses. Aprendí a perder el miedo a las cámaras. Mis compañeros de curso, que sí tenían experiencia, ni siquiera asistían, desencantados con el temario, los profesores, la metodología, etc. A mí me sirvió porque me compré mi primera cámara cuando estaba haciendo el curso. Una cámara canon 7D con la que hice todos mis cortos, reportajes, videoclips, etc. Atento a mis compañeros, que tenían mucha más experiencia que yo, fui experimentando y aprendiendo con mi nueva cámara. Luego vendría lo demás.

"Aprende las reglas como un profesional para romperlas como un
artista".

Pablo Picasso

Conocí a un fotógrafo y nos hicimos amigos. Juntos fuimos al Real Club Náutico de Mallorca en el Trofeo Princesa Sofía a hacer fotos. Hice un video de toda la semana de regatas. El ambiente allí era genial. Paseos en barco, cervecitas, sol, barbacoas, fiesta... Los del club tenían su propia productora, formada por varias personas profesionales con experiencia pero, por lo que se veía, sin muchas ganas ni pasión por lo que hacían. Creo que la pasión en lo que haces es fundamental, es un factor determinante para diferenciarte. Terminamos el video del reportaje sin que nadie nos lo hubiera encargado, simplemente por placer. Un amigo regatista y fotógrafo lo vio, le gustó mucho, se lo envió al gerente del club e inmediatamente me llamaron para comprarlo.

Nos dieron muy poco dinero, pero sirvió para coger confianza. Si el primer trabajo que haces gusta a mucha gente y es valorado, eso te anima a seguir. Luego, todos los años posteriores, el Club encargaba a otras productoras hacer el video del torneo y copiaban la estructura, el guion, el tipo de imágenes, las entrevistas de nuestro reportaje… En fin, una copia exacta del nuestro. A veces no abunda la imaginación ni la creatividad en el sector y se limitan a copiar sin ni siquiera fingir. Pero supongo que si te copian tu primer trabajo es señal de que algo has hecho bien.

Luego vendrían los cortometrajes, algo esencial para saber dirigir, producir y escribir. Si haces de todo, aprenderás más y más rápido. Es decir, si trabajas en arte, sonido, fotografía, montaje, vestuario, color y cámara, estarás mucho más seguro de ti mismo y de tu trabajo.

"El arte de la vida consiste en hacer de la vida una obra de arte".
Voltaire

Creo que el verdadero impulso para decidir y creer que podía hacer una película fue la primera vez que pude ir a un rodaje de un largometraje. Al ver cómo se hace te das cuenta de que lo puedes hacer. Ves que no es algo intangible o de otro mundo. Es trabajo, tal como has venido haciendo en los cortometrajes, pero todo mucho más sobredimensionado.

Eternamente agradecido a Martín Garrido, el director, quien me invitó a poder estar en el rodaje de uno de sus largometrajes. Cada día iba con mi amigo Pau. Él era el fotógrafo del largometraje. Yo tuve la suerte de estar allí viendo cómo hacían la película. Descubres un nuevo mundo cuando vas a un rodaje, ves que son personas como tú, haciendo cada uno su trabajo y te das cuenta de que es posible. Gracias a este director, eternamente.

10. TODO CAMBIA

"Todo fluye, todo cambia, nada permanece".

Heráclito de Éfeso

Heráclito sostenía que la naturaleza misma de la vida es el cambio; el cambio no es un aspecto de la vida, sino la vida misma y resistirse al cambio es resistirse a la vida.

Un emprendedor debe estar siempre abierto a cambios de rumbo. La capacidad de transformación y adaptación resulta imprescindible para cualquier empresa, incluido el rodaje de una película. Si no ofrecemos resistencia nos ahorraremos ansiedades y pérdidas de tiempo. Muchas personas quieren tener el control absoluto de sus negocios, pero eso es imposible. Todo cambia.

Una vez me dijeron que somos como el agua, como un río. Con sus corrientes, sus rápidos y sus estancamientos. Y que debemos, al igual que el agua, fluir con todo lo que nos ocurra en la vida, no oponer resistencia. Dejarnos llevar por la corriente, asimilando lo que nos vaya ocurriendo. Estar en constante reajuste.

"Como no sabían que era imposible, lo hicieron".

Anónimo

Recuerdo que encontré una localización en Almería que era justo lo que tenía en mente para el guion. Era perfecta, pero era totalmente imposible filmar allí porque estaba pegada a la autopista. Lo que ocurría era que, desde determinados ángulos de cámara, parecía que estaba situada justo en mitad del desierto y le confería exactamente la atmósfera que buscábamos. Como realmente era muy complicado encontrar una localización que cumpliera con los requisitos, pensé que esta era la única válida.

Al igual que me ocurrió con el guion, más tarde me di cuenta de que no podría ser allí donde filmar, pero perdí un tiempo precioso mientras me negaba a cambiar de idea. Posteriormente, encontré otra mucho mejor y que reunía igualmente todos los requisitos.

"No hay nada permanente, excepto el cambio".
Heráclito de Éfeso

Siempre se debe estar abierto a los cambios, ser flexible, ir fluyendo con lo que uno va encontrando y no pensar que cualquier cosa es inamovible. Nada ni nadie es imprescindible. Todo puede cambiar. Todo irá cambiando, tu perspectiva de la película o de tu empresa. Porque, aunque tengas muy clara tu visión, te adaptarás a tu presupuesto, a los medios de los que dispongas y a los actores o empleados con los que puedas contar. El guion cambiará según las posibilidades de rodaje. El director deberá estar abierto a cambiar de pensamiento constantemente para dar soluciones a elementos imprevistos. Estos irán surgiendo. Habrá secuencias que no se podrán filmar de la forma que quieres, por lo que deberás improvisar.

Esto es curioso porque a mí me gusta filmar improvisando. En mi primera película, me "recomendaron" que hiciera un guion técnico, un storyboard, que hiciera toda la planificación, etcétera… Al final, acabamos filmando sin utilizar nada de lo que había hecho. Más bien fue como un trabajo improvisado. No digo que sea mejor de una forma ni de otra, yo creo que cada director simplemente tiene que hacerlo de la forma que mejor le parezca y como se encuentre más a gusto.

Sin embargo, para poder elegir es importante equivocarse primero y experimentar hasta encontrar la mejor manera de hacer las cosas. En los siguientes rodajes fui encontrándome cada vez más cerca del disfrute, la tranquilidad y de la forma de hacerlo todo mejor.

"No son los más fuertes de la especie los que sobreviven, ni los más inteligentes. Sobreviven los más flexibles y adaptables a los cambios".

Charles Darwin en "El origen de las especies".

Tanto en mi primera película como en mi primera empresa, lo pasé bastante mal debido a la inseguridad que tenía por la posibilidad de que algo saliera mal. Por la presión que yo mismo me autoimponía, pues quería que todo estuviera perfecto. El miedo nunca es buen compañero de viaje. Es mejor tener confianza en uno mismo y delegar en los demás e intentar disfrutar del rodaje haciéndolo lo mejor que puedas. Es importante creer en ti mismo y filmar de la misma manera en que lo venías haciendo, de la forma en que te encuentres a gusto. Luego te das cuenta que hacer una película es igual que hacer un cortometraje, pero con más días, más personas, más dinero y más responsabilidad. Ninguna empresa es imposible. Comienza por el primer pasito, luego otro y otro más...

"El secreto del cambio es enfocar toda tu energía no en luchar contra lo viejo, sino en construir lo nuevo".

Sócrates

Adapta tu guion. Yo estaba súper enamorado del guion que escribí con Pedro. Me encantaba. No quería cambiar ni una palabra, ni un signo, ninguna secuencia, hasta que me choqué con la realidad. Era imposible hacer esa película con el dinero que podríamos conseguir. Cambiamos el guion muchísimas veces hasta dejarlo todo en una sola localización para así abaratar los costes y que fuera posible el rodaje. También eliminamos todos los efectos especiales, toda la fantasía, los animales gigantes y las explosiones. Todo eso era una parte esencial para mí. Todavía veo la película y no reconozco la que yo tenía en mente. No logro quitarme esa visión que yo tenía de ese primer guion, del que estaba completamente enamorado. Sin embargo, gracias a todos estos cortes fue posible hacer la película. Ahora, la película está disponible para el mundo entero en Amazon, Movistar y muchas otras plataformas. Era mi sueño, cumplido a pesar de todo. Intenta hacerlo lo mejor posible con los medios que tengas. No te castigues queriendo lo que no se puede. Hazlo de la mejor manera que puedas y, tal vez, a la siguiente cuentes con más medios.

11. LA CREATIVIDAD

"Las personas que están suficientemente locas como para pensar que pueden cambiar el mundo, son las que lo hacen".

Steve Jobs

"La creatividad es sólo conectar cosas. Cuando preguntas a personas creativas cómo hicieron algo, se sienten algo culpables porque en realidad no lo hicieron, sólo vieron algo".

Steve Jobs

Aprovecha el camino para descubrir nuevos talentos ocultos dentro de ti. Recuerdo que cuando estaba haciendo el storyboard para mi primera película me encontré a mi amiga Nuria, de la época del instituto. Le pregunté qué estaba haciendo y ella me dijo que daba clases de pintura. Yo ya sabía que era pintora, pero no que daba clases. Ella me animó a ir para mejorar el storyboard y hacerlo más estético pintándolo con acuarela. Comencé a asistir a sus clases. Había muchos alumnos pintando cuadros. Realmente no sé por qué razón a la segunda semana dejé el storyboard y empecé a pintar en lienzo. Creo que de niño pintaba mucho, incluso tengo algún premio, pero era algo que tenía totalmente olvidado y jamás había tomado clases.

"No le tengas miedo a la perfección. Nunca la vas a alcanzar".

Salvador Dalí

Mi primer cuadro fue una copia de un Monet. Creo que uno de mis errores es que soy muy autoexigente. A varias personas les gustó mucho. Para mí no era una obra de arte, pero era el primero. Lo destrocé pintando encima y todavía me arrepiento. Incluso algunos amigos me pidieron que se los regalara, pero yo consideraba que no tenía la suficiente calidad. No debería haber pintado por encima. Para mí no era una obra de arte, ¿y qué? Tenía un valor sentimental y, aunque para mí no tenía valor artístico, para otras personas sí lo tenía.

"Un presentimiento es la creatividad que intenta decirte algo".
Frank Capra

Durante tres meses fui a clases un día a la semana. Copiaba cuadros de autores famosos. Luego, empecé a pintar mis propios cuadros originales sin copiar a nadie. A la gente que los veía les gustaban.

Así que un día de casualidad me encontré con un viejo amigo del colegio, Fernando. Por medio de él pude encontrar una sala de exposiciones muy céntrica y con mucha tradición. Y sin haberlo planeado me vi inmerso en un plazo muy corto que me ofrecieron para la creación de treinta cuadros para llenar la sala de la exposición. Disfruté muchísimo de ese proceso de creación.

Ahora mis obras están seleccionadas por curadores de arte en ferias de arte en Tokio y en París. Pero por aquel entonces no sabía si mis cuadros gustarían, si serían buenos, malos o mediocres. Yo sólo pintaba, pintaba, y pintaba. Sin parar, a todas horas. Desde que me levantaba temprano, sobre las 7.30 de la mañana, con las primeras luces del día, hasta las 20.30 de la noche, cuando sólo quedaba alguna farola que me alumbrara con algo de luz. El tiempo dejó de existir. Mi alma volaba y expresaba mis sentimientos en los lienzos. Pintaba en la calle, ya que no tenía mi propio estudio. Recuerdo que todos los vecinos me miraban asombrados desde sus balcones. También la gente que pasaba por la calle. Ahora lo recuerdo con nostalgia.

"La inspiración existe, pero te tiene que encontrar trabajando".
Pablo Picasso

Creo que hacer una película debería ser igual. Dirigir y dirigir sin pensar, guiándote por tus instintos, dejándote llevar por tu intuición. Creo que es la mejor manera, sin pensar demasiado. Cada vez que he estado orgulloso de algún trabajo es cuando me he dejado llevar, cuando no he pensado en el qué dirán, cuando no he tenido inseguridades. En el momento en el que simplemente eres, lo haces y estás tan inmerso en el proceso de creación que te olvidas de todo y las horas y los días pasan volando. Eres tú creando de verdad, plasmando en el lienzo, en la fotografía, el guion o el rodaje lo que quieres que sea tu obra, lo que quieres transmitir, tus emociones. Estás tan centrado en tu creación que el resto del mundo no existe y el tiempo se desvanece.

"La creatividad es la inteligencia divirtiéndose".
Albert Einstein

Al ser aquella mi primera vez realizando una exposición de pintura, estaba súper nervioso. No había dormido nada el día anterior, pues de nuevo, al igual que en la dirección de la película, también me tuve que encargar de toda la producción. En este caso, por ejemplo, tuve que hacerme cargo del traslado y montaje de los cuadros, el diseño de las invitaciones y folletos, la compra de pegatinas, el listado de nombres, precios, etc. Aunque, he de decir que, al igual que en la película, también en esta ocasión me ayudaron mis compañeros y ángeles.

La exposición fue un super éxito. Se vendieron casi todos los cuadros, más de veinte obras, y tuvo difusión en televisión, radio y prensa. No he dicho todavía que utilicé la exposición como fuente de financiación para la película. Publicaron artículos con títulos como "Arte para crear más arte". Se vinculó como recaudación para hacer posible el rodaje de la película y dos actrices que iban a participar en la filmación acudieron a la exposición, lo que le dio más repercusión al evento.

Supuso una buena inyección de moral de cara a afrontar los últimos meses antes del esperado rodaje.

Al igual que me ocurrió a mí con la pintura, la fotografía, la escritura y el cine, cualquier persona puede redescubrir nuevas habilidades propias que estaban presentes, pero ocultas. Siempre se pueden inventar o crear ideas diferentes que te hagan visible o te ayuden a cerrar tu financiación para tu empresa o película.

Quién tiene un "qué" y un "porqué" siempre acaba encontrando un "cómo". Si tienes pasión y el desafío te inspira, surgirá una creatividad imparable que te llevará a donde quieras.

"Hay en el mundo un lenguaje que todos comprenden: es el lenguaje del entusiasmo, de las cosas hechas con amor y voluntad, en busca de aquello que se desea o en lo que se cree".

Paulo Coelho

12. Todo Cobra Sentido

"Adoro los misterios. Hay partes que parecen no encajar, pero al final lo hacen y todo cobra sentido".

La vida secreta de Walter Mitty

Pude realizar uno de mis sueños, que era hacer películas y que las puedan ver en el mundo entero. Otros que ni había imaginado, como hacer exposiciones de pintura, ganar premios de fotografía, estar en Cannes y tener mis obras seleccionadas en ferias de arte en París y Tokio, también se han hecho realidad.

Muchas experiencias anteriores han ido cobrando sentido. Como, por ejemplo, haber estudiado Derecho.

Pensaba que jamás me sería de utilidad. Sin embargo, en todos mis proyectos ha sido esencial, sobre todo en los comienzos. En el pasado, otras personas se equivocaron en la redacción de contratos para mis negocios. Alguna vez confié mi destino a algún abogado y sufrí por su desgana o no profesionalidad, que me acarrearon grandes perjuicios.

Agradezco esas malas experiencias. Cuantas más veces me equivoco, antes aprendo. Aun así, sé que jamás debo dejar de estudiar e instruirme. Desearía haber cometido antes más errores.

Actualmente redacto yo mismo todos los contratos. Lo hago en el mismo día, más rápido, sin costo y con la tranquilidad de que están bien hechos. Al principio me los revisaban un grupo de amigos que estudiaron conmigo en la facultad. Con el tiempo, con su confianza en mi trabajo, me hicieron sentir muy seguro de mi labor.

"Las cosas suceden por una razón. Podemos no entenderlas por el momento, pero después todo cobra sentido".
"Mantén la calma. En la vida siempre llega el día en que todo cobra sentido".

Anteriormente hablamos de los obstáculos. Una de las peores experiencias que tuve en mi vida profesional se ha convertido en una de las mayores enseñanzas. Fueron unos meses en los que trabajé vendiendo seguros a puerta fría. Gracias a aquella experiencia ahora no me importa ni me desanima que muchas veces me digan que no. Tal vez, si no hubiera desempeñado aquel trabajo, cada vez que recibiera un "no" por respuesta me afectaría negativamente. Pero en aquel trabajo, muchas veces al día, a mis compañeros y a mí, nos daban un "no". Por lo cual, llegaba un momento en el que ya no te afectaba.

"Si no pierdes, no puedes disfrutar de las victorias".
Rafael Nadal

Nos dirán que no en muchísimas ocasiones. Técnicos que no están interesados, actores que no están disponibles, bancos que no te otorgan financiación, productores que no leen tu guion, subvenciones denegadas …Mejor tomarlo con normalidad. Habrá una larga lista de "no" que recibiremos al comienzo, como todos los grandes empresarios en sus inicios. Para seguir adelante es necesario pensar en todos los "sí" que están por llegar. Con nuestro objetivo en el punto de mira.

"El secreto para salir adelante es comenzar".
Mark Twain

"La vida es como conducir una bicicleta. Para mantener el equilibrio, debes seguir adelante".

Albert Einstein

13. HUMILDE. VALIENTE. OSADO

"El secreto de la sabiduría, del poder y del conocimiento es la humildad".

Ernest Hemingway

Hemingway, en su discurso al recibir el Premio Nobel de Literatura, dijo:

"Ningún escritor que conoce a los grandes escritores que no recibieron el premio puede aceptarlo, a no ser que sea con humildad. Cada libro, para un escritor auténtico, deberá ser un nuevo comienzo donde intentará nuevamente alcanzar algo que está más allá de su alcance. Siempre deberá intentar lograr algo que nunca haya sido hecho o que otros hayan intentado y fracasaron. Entonces, algunas veces, con gran suerte, tendrá éxito".

Si un Premio Nobel de Literatura es humilde, el camino es claro. La humildad es un tesoro que te acerca a las demás personas.

Cuando inicié el negocio del restaurante, al principio tenía que lavar los baños, barrer, fregar, limpiar todo el local, atender clientes sin parar, reponer, etc… Posteriormente ampliamos la plantilla y cuando estaba a cargo no tenía que hacer nada de esto. No obstante, el hacer las tareas de todo tu equipo te hace ser humilde, valorar el trabajo de cada uno de ellos y reconocer su importancia.

No por ser el director de cine, el productor de cine o el dueño de tu empresa eres superior a lo demás, cada uno de los miembros de tu equipo es esencial para el éxito de tu película. Todos están para ayudarte a conseguir el objetivo. Todos son importantes, hasta el último ayudante. Al agradecerles honestamente su ayuda, ellos se sentirán valorados, trabajarán más felices y rendirán más.

"La humildad tiene dos polos: lo verdadero y lo bello".
Víctor Hugo

Todos pensamos que vemos las cosas como son, que somos objetivos. Pero lo cierto es que vemos el mundo no como es, sino como somos nosotros o de la forma en la que se nos ha condicionado a verlo. Cuando hablamos de lo que vemos, estamos describiendo nuestra manera de ver. Si otras personas difieren de nosotros, no lo entendemos.

Cada uno mira el mundo según su experiencia. Es posible cambiar nuestra forma de pensar si es necesario. Nuestra forma de ver las cosas y nuestras creencias determinan nuestras actitudes y conductas. Podemos mejorar nuestra eficiencia en los negocios si trabajamos sobre nuestras creencias. Hay que ser humilde y valiente para hacerlo.

"El sabio es el que puede mirar todo tanto con sus propios ojos como con los ojos de todos los demás".
Mehmet Murat Ildan

"Comprender que hay otros puntos de vista es el principio de la sabiduría".
Thomas Campbell

"Nunca sabes dónde está el éxito. La realidad es que estoy con lo que
estoy y que nunca lo hubiera soñado. ¿He cometido errores? Sí, pero
más aciertos que errores. No me puedo reprochar mucho. Lo único que
me molesta a la hora de reprocharme las cosas es el esfuerzo o la ilusión.
Eso no me ha faltado casi nunca".

Rafael Nadal

Equivocarse es natural, hasta los héroes fallan. Pero siempre se levantan. Una y otra vez.

Hay que ser humilde, pero también valiente y osado y creer siempre en uno mismo. Pensar en nuestras fortalezas y no en nuestras debilidades. Los pensamientos que alimentamos formaran nuestro carácter. Uno de los muchos errores que cometí es pensar que otros saben más que uno. En mi caso por mi poca experiencia, pensaba que si alguna persona llevaba 20 o 30 rodajes de largometraje ya a lo largo de su carrera deberían saber más que yo. Depende. Tu visión es única. La inexperiencia a veces es una virtud porque hace que te atrevas a hacer cosas diferentes. Tu ilusión y ganas suplen la falta de experiencia. Y, tal vez, aunque creas que no, ya con tus trabajos anteriores puede que estés capacitado de sobra para dirigir, crear una empresa o cualquier otra meta que te propongas. Sólo tienes que creértelo del todo.

Si no lo haces, cuando llegues al montaje te arrepentirás. Y si te tildan de loco, mejor. Muchos que triunfaron de verdad y llegaron muy lejos fueron tildados de locos cuando empezaban. Ya no los llaman así, ahora los llaman genios. Lucha por tus ideas hasta el final. Alguna vez me rendí cuando me decían: "Eso no es posible, no tenemos tiempo, esto de esta forma no se puede hacer". Algunas veces tienen razón quienes te aconsejan, pero otras veces debes tener fuerza y hacer las cosas a tu manera. Y si nadie te sigue, pero crees firmemente en ello, hazlo tú mismo. Eso es lo que hago ahora. Sigue siempre a tu intuición.

"Es el momento, estoy cansado, tengo que jugar. Mi razonamiento interior fue: 'Si la fallo, la fallo yo'. No puedo esperar. No puede ser que si termino no ganando este partido piense que no he sido valiente. Prefiero morir siendo valiente".

Rafael Nadal

Seamos valientes como Nadal. A él le ha dado un inmejorable resultado. Imitemos a Nadal, démoslo todo. Podemos ganar o perder, pero lo importante es tener la sensación de haber luchado con todas nuestras fuerzas. Aunque perdamos, de esa manera nos sentiremos orgullosos.

14. Confía

"Si tú no crees en ti mismo, nadie lo hará".

Walt Disney

Walt Disney creció junto a tres hermanos y una hermana. Emprendedor desde temprana edad, les vendía sus dibujos a sus familiares, amigos y vecinos. No era un buen estudiante. Casi no dormía, debido a su empleo como repartidor de periódicos, empleo que tenía para ayudar a su padre.

Su juventud no fue fácil. Su padre no creía en él, pensaba que tenía que dedicarse a algo "con más futuro" y le ponía trabas para que no continuara en el camino de la animación.

Nació en un hogar humilde, pero esa no fue una limitación para Walt Disney. Probó en varios empleos, pero no alcanzó éxito hasta que los alió con su pasión.

"Aprendí que lo difícil no es llegar a la cima, sino jamás dejar de subir".

Walt Disney

Para hacer una película hay que mirar siempre hacia adelante y no quejarse de las muchas dificultades que seguro surgirán, como en cualquier empresa que iniciemos. Si pensamos que los obstáculos son algo normal, el camino es más fácil.

Es esencial pensar que siempre vendrá algo mejor. Cuando una puerta se cierra, otra se abre. Estas son frases típicas de cursos de autoayuda, pero lo cierto es que, si pensamos de esa forma, todo es más sencillo. Al principio todo nace en una idea y, pasito a pasito, se va transformando en realidad. Al principio estás tú sólo con tu guion, luego se van añadiendo los técnicos y los actores. De alguna forma aparece el dinero, te ves filmando, en la postproducción y, finalmente, tienes tu película terminada.

> "Todos nuestros sueños pueden convertirse en realidad si tenemos la valentía de perseguirlos".
> Walt Disney

Su primera oficina fue el granero de la casa en la que vivía. Empezó solo. El primer estudio de animación que abrió no pudo solventar los gastos de producción. Walt se dedicaba más a la creatividad y olvidaba gestionar las finanzas de la empresa, vendiendo productos a precio de coste. Fue así que pronto tuvo que cerrar.

Perdió todo, incluso su casa. Pero no desfalleció, sino que cambió el rumbo.

Fracasó en múltiples ocasiones y sufrió varios rechazos como muchos, pero jamás cedió y nunca se rindió.

> "Piensa, cree, sueña y atrévete".
> Walt Disney

Si un actor no puede acudir a tu rodaje, entonces, podrá otro que tendrá más ganas o que lo hará mejor. Si a un técnico le sale otro trabajo es porque esa persona no era la adecuada para tu proyecto o no tenía el suficiente interés y, nuevamente, aparecerá otro. Si crees que has encontrado una localización perfecta para tu rodaje, pero no te dejan rodar allí o no te permiten alquilarla, es que encontrarás otra que será perfecta. Recurre a la imaginación para resolver problemas. No pienses solamente que tienes un Tetris de muchas piezas y que todas deben encajar en su sitio, mira también por fuera del Tetris. Déjate llevar. Fluye.

Walt falsificó su partida de nacimiento y logró entrar a la Cruz Roja, pero llegó a Europa cuando el conflicto ya había cesado y solo estuvo como apoyo a los sobrevivientes en Francia y Alemania durante dos años.

De regreso a Estados Unidos, intentó cristalizar el sueño de ser un artista reconocido en las páginas del Kansas City Star, el periódico que ayudaba a repartir a su padre. Logró conseguir el empleo, pero después fue despedido por "ausencia de creatividad".

Vendió su posesión más querida, su cámara, para poder comprar el billete de tren a California, a donde llegó con tan solo cuarenta dólares en el bolsillo. Como nadie lo conocía y tampoco tenía trabajos que acreditaran su experiencia, nadie lo contrató. Entonces, volvió a casa.

Lejos de desanimarse, transformó esas experiencias en oportunidades. Y así lo hizo cada vez que fracasó, hasta que tuvo éxito.

Aún en sus peores épocas Walt mantenía la fe. Hubo momentos en los que se quedó solo, sin casa y sin dinero, pero no perdía la esperanza. Siempre creyó en sus sueños.

"Si puedes soñarlo, puedes hacerlo".
Walt Disney

¿Quién te va a decir que un especialista de cine profesional vendrá a tu película a ayudarte? Gracias, Joaquín. Me prestaron réplicas de armas, coches de época, águilas, caballos, burros, gallinas, perros e incluso una iguana. Se prestó a actuar en mi película la grandísima actriz y bailaora Cristina. Gracias. Siempre aparece gente que te ayudan a sacar adelante tu producción, gracias a quienes encuentras la localización de tus sueños. Puedes adaptar tu guion para hacer realidad tu sueño. Vas aprendiendo sobre la profesión y sobre ti mismo. Aparecen actores que te ayudan, técnicos que hacen todo lo posible para conseguir el éxito del proyecto, quienes son tu apoyo en todo momento.

Confía. Porque al final, como por arte de magia, todo encaja y todo lo que necesitas aparece.

15. DINERO

"Arreglar los problemas económicos es fácil, lo único que hace falta es dinero".

Woody Allen

"¡Hay tantas cosas en la vida más importantes que el dinero! ¡Pero cuestan tanto!".

Woody Allen

Hay varias vías para conseguir dinero: solicitar subvenciones, ayudas a ayuntamientos o fundaciones, pedir dinero a familia y amigos, prevender los derechos de tu película a televisiones o plataformas, etc… Para obtener financiación es recomendable que te asocies con una persona especializada en asuntos administrativos y contables o al menos que cuentes con un asesor. Encuentra a alguien que te acompañe en la producción, descárgate las bases de ayudas y subvenciones. Si otras personas lo consiguen, ¿por qué tú no?

"¿Quiere usted casarse conmigo? ¿Le dejó mucho dinero su difunto marido? Conteste primero a la segunda pregunta".

Groucho Marx

Si con el guion que tenemos no es posible hacer la película, tendremos que adaptarlo, por mucho que duela. Eliminar localizaciones, suprimir personajes, comprimir al máximo la historia para rodar el mínimo de días o borrar secuencias no necesarias. Nosotros teníamos el rodaje previsto para 4 semanas, pero al final acabamos rodándolo en tan sólo 11 días. Luego, hicimos otro en 6 días. Hay autores que lo han hecho en un solo día, como un desafío. No es ni mejor ni peor que hacerlo en dos meses, son caminos diferentes.

"He hecho cosas horribles por dinero. Como despertarme temprano
para ir a trabajar".
Groucho Marx

Yo intenté este camino en primer lugar y me hizo perder mucho tiempo. Si es tu primera vez, te puede ocurrir lo mismo que a mí. Es difícil acceder porque es un mundo cerrado. Para una nueva productora es complicado colarse y que le concedan una subvención por delante de otras que tienen más experiencia.

Si es tu primera producción es recomendable ir de la mano de alguna productora experimentada antes que gastar tu energía en aplicar tú mismo para subvenciones, ayudas, televisiones, etcétera. Pero es sólo una opinión y, como tal, puedo estar equivocado. A pesar de lo expuesto, por solicitar no pierdes nada.

Adecúa a esa televisión o a esa ayuda tu proyecto. Pueden pedirte requisitos como que debas gastar todo el dinero de la producción o la mayor parte en su comunidad, o que los técnicos y actores deban ser locales. Pero si te dan financiación, por supuesto, ¡tómalo!

"Hijo mío, la felicidad está hecha de pequeñas cosas: un pequeño yate,
una pequeña mansión, una pequeña fortuna…".
Groucho Marx

Otro modo de financiación: el crowdfounding. Este sistema puede hacer que muchas personas te conozcan a ti y a tu proyecto. No se pierde nada. Bueno, sí, tiempo. Y el tiempo es oro, pero en términos relativos nada grave. ¡Inténtalo! Y si fallas, inténtalo otra vez. Esto puede hacer que se sumen más personas al proyecto, así como darte la inyección necesaria para arrancar el rodaje. Si lo haces, que sea una plataforma que, independientemente de la cantidad de dinero que consigas, te permita quedarte con esa cantidad obtenida y puedas adecuar tu proyecto a lo que tengas. Porque nosotros conseguimos una cantidad "importante" para nuestro pequeño presupuesto: doce mil euros, más o menos. Sin embargo, no pudimos retirar el dinero porque fijamos una meta de veinte mil euros. Hay productoras que hacen el truco de poner la parte que falta. Pero, en nuestro caso, en ese momento, no disponíamos de liquidez. Entonces, no lo conseguí y me costó mucho tiempo y energía. Pero puede que lo vuelva a intentar.

"El dinero no da la felicidad, pero produce una sensación tan parecida que sólo un auténtico especialista podría encontrar la diferencia".
Woody Allen

Mi cortometraje, "Sonata", estuvo en el festival de cine más prestigioso: Cannes. Uno de mis reportajes fue premiado en otro festival importante. Mi exposición de pintura tuvo muchísima difusión en medios. Contaba al menos con una actriz muy famosa involucrada en el proyecto. Fui seleccionado en importantes pitchings. Una importante fundación nos apoyó desde el primer momento. Fui a festivales de cine y conocí a gente que me ayudó en el camino. Y mis ángeles. Todos estos factores me ayudaron a conseguir el dinero suficiente para poder hacer nuestra película.

16. MERCADOS DE CINE. LAS RELACIONES

Acude a todos los festivales, mercados y encuentros que puedas. Las relaciones sociales con personas del mismo sector son muy importantes. Tenemos que estar donde se encuentren las personas que ya han conseguido llegar a donde nosotros pretendemos o, al menos, con los que trabajan en nuestro sector. Esto nos permitirá generar sinergias, estar al tanto de las novedades, incentivarnos con las mejoras que tiene la competencia, motivarnos a no quedarnos atrás, conocer a posibles socios, etc…

"El sabio no atesora. Cuanto más ayuda a los demás, más se beneficia. Cuanto más da a los demás, más obtiene para él".
Lao-Tsé, filósofo oriental, creador del taoísmo.

Según Lao-Tsé, la actitud de ayuda es una de las cuatro virtudes cardinales. Hace falta tener respeto, sinceridad y bondad. Significa ser solidarios con otras personas, sin pretender beneficiarnos de ello y sin esperar nada a cambio. Lo esencial de esta actitud es el desinterés.

Cuando he probado esta filosofía, me ha funcionado. Sin buscar nada a cambio y ayudando de manera desinteresada, llegan cosas buenas a tu vida.

"Quien tiene una actitud de ayuda sincera, vive en paz consigo mismo y tiene una existencia más feliz".
Lao-Tsé

Haz favores, no pienses en el interés. Algunos se devuelven sin pedirlos. Recuerdo un festival en el que había unos chicos americanos que tendrían que esperar horas para poder regresar a la ciudad donde tenían un vuelo. Me ofrecí a llevarlos en mi coche. Años después se ofrecieron a asesorarme y coproducir uno de mis proyectos.

En otro festival introduje a varios compañeros y les ofrecí ayuda en lo que les hacía falta para los proyectos que estaban armando. Al año siguiente, me encontré con uno de ellos y me hizo un grandísimo favor.

"Si hay un secreto del éxito en las relaciones personales, reside en la capacidad para apreciar el punto de vista del otro y ver las cosas desde ese punto de vista".
Dale Carnegie

Otro año, en un evento, en la cola para ver una película, estuve hablando un buen rato con una mujer. Posteriormente, me enteré que era productora de cine. Ella se ofreció a ayudarme con uno de mis proyectos. El cara a cara sigue funcionando. La química, el buen feeling, si lo encuentras, no lo dejes escapar.

"A medida que crezcas, descubrirás que tienes dos manos; una para ayudarte a ti mismo y otra para ayudar a los demás".
Audrey Hepburn, leyenda del cine, ganadora de dos premios Óscar y embajadora de Unicef.

Aunque hoy en día estemos saturados de aplicaciones con las que podemos hablar por videoconferencia con cualquier persona, el cara a cara conserva esa magia especial. Y eso se encuentra sin buscarlo, aunque estando en el sitio adecuado en el momento preciso.

En los festivales podemos ver cómo funciona el mundo del cine, lo que es la parte del business. A los que amamos el cine nos encanta ver películas y comentarlas, pero también está la otra parte. La parte de los no artistas, los que forman el negocio. Aquí te encuentras de todo, desde los que no les gusta nada el cine y sólo van buscando el dinero, hasta los que son verdaderos amantes e intentan compaginar que sea arte e industria. Todos son necesarios para el funcionamiento del negocio.

17. EQUIPO

Imagínate con tu perro, tus mejores amigos, tu pareja, tus familiares. Mejor estar con ellos que con gente desconocida, pues no sabes si con unos desconocidos habrá buena química.

Estar rodeado de tu equipo de colaboradores habituales es siempre la mejor opción. Los compañeros con los que has trabajado en tus cortometrajes, reportajes, videoclips o trabajos anteriores. Si puedes, rodéate de personas con las que tengas buen feeling. Tus amigos son las personas con los cuales te sientes a gusto, valorado y con confianza para decirles cualquier cosa. Asimismo, tu equipo técnico o empleados deben ser personas con las que haya buena sintonía, ya que vas a compartir con ellos muchas horas de rodaje y trabajo.

Formar un nuevo equipo y encontrar a las personas adecuadas lleva su tiempo. Una vez que las encuentras es mejor volver a trabajar con las mismas personas.

Tener tu equipo es importante cuando estés haciendo tus primeros trabajos. Estar rodeado de personas a las que ya conoces hará que todo sea mucho más fácil. Agradece a tu equipo que estén contigo. La gratitud es una fuente de bienestar y felicidad.

"De la conducta de cada uno depende el destino de todos"
Alejandro Magno

Alejandro Magno fue uno de los más grandes líderes militares de la historia. Hoy en día es tomado como ejemplo para enseñar materias de gestión de equipos en las universidades, por su estrategia y visión al frente de sus tropas, que le llevaron en menos de diez años a conquistar medio mundo.

Alejandro Magno trataba con respeto a sus soldados. A pesar de ser un rey hablaba con la tropa y escuchaba sus necesidades. Tenía cercanía y conocimiento de las personas a las que lideraba.

Mantenía fuertes líneas de abastecimiento. Tenía a su ejército bien alimentado y con las armas necesarias. Se preocupaba por ellos. De la misma manera, nuestros empleados, colaboradores y socios deben contar siempre con lo necesario para ser altamente productivos.

La disciplina es organización y coordinación para afrontar la batalla y seguir con esa formación a pesar de la dura batalla.

Alejandro Magno escuchaba a sus soldados. Sabía qué necesitaban y qué obstáculos encontrarían en el campo de batalla. Escuchar ayuda a los líderes a comprender mejor a sus equipos.

Alejandro motivaba a los hombres con recompensas por las conquistas, haciéndoles partícipes de las mismas. De la misma forma, debemos premiar a nuestro equipo cuando se consiga buenos negocios y objetivos.

Luchaba junto a sus soldados. Estando a su lado en la batalla inspiraba confianza y admiración. Inspirando y motivando.

Si queremos ganar un partido es mejor seleccionar los mejores jugadores para tener un equipo campeón. Cuanto mejor sea cada jugador, mejor será el resultado final de la película. Cada detalle cuenta.

"Yo hago lo que usted no puede y usted hace lo que yo no puedo.

Juntos podemos hacer grandes cosas".

Madre Teresa de Calcuta

Las personas con las que tengo buena comunicación y desarrollan su trabajo de manera magistral, con esas sigo siempre.

Esto es aplicable a cualquier empresa. Es como conocer a una pareja, te quedas con la que te hace feliz y todo fluye sin hacer ningún esfuerzo. En el cine, cada director de departamento es como tu pareja. Siempre es mejor amor y paz que hacer la guerra. Y estar rodeado de los mejores.

"El secreto de las películas es que son una ilusión".

George Lucas.

Si quieres ser el director, busca a una persona que lleve todo el tema de producción, te ahorrarás muchísimos dolores de cabeza. Esa persona debe estar tan motivada como tú, sino tal vez nunca lleguéis al momento de comenzar el rodaje.

No cuentes con personas que no estén convencidas e involucradas con el proyecto porque, a la larga, tendrás que buscar a otras que los reemplacen. Esto sólo te hará perder tiempo a ti y a ellos. Tienen que estar involucrados al 100%, sobre todo si ocupan puestos clave.

Hay que buscar hasta dar con las personas idóneas para tu proyecto. Personas involucradas, con ilusión, buen feeling, buena comunicación y profesionales.

18. HÁBITOS

Las pequeñas decisiones que tomamos día a día, conforme se repiten, se convierten en un nuevo hábito y terminan definiendo la persona que eres.

Para conseguir nuestros objetivos de crear una empresa, hacer una película, una exposición de pintura, un proyecto fotográfico o cualquier otro necesitamos sentirnos fuertes y con energía. Y eso lo conseguimos a través de nuestros hábitos.

Si queremos adelgazar, por un día que comamos sano no lograremos perder 10 kilos. Sin embargo, la suma de muchos días comiendo sano sí lo conseguirá. Si vamos aplazando la decisión jamás lo lograremos.

"Tus hábitos determinan tus resultados".
Jack Canfield

Practicar una hora al mes un idioma no harán que lo aprendas, pero una hora todos los días durante un año sí.

Si yo escribo tres o cuatro días este libro, me canso y no sigo, porque prefiero ver la televisión o salir a pasear, nunca lo terminaré. Sin embargo, si todos los días dedico dos horas a escribirlo durante varios meses, estoy fijando una rutina para poder conseguir mi objetivo de terminarlo.

"Somos lo que hacemos día a día. De modo que la excelencia no es un acto sino un hábito".

Aristóteles

En el deporte y en cualquier ámbito laboral, la práctica y la repetición son la base del éxito. Son caminos directos a la excelencia.

En uno de sus libros más conocidos, "Ética a Nicómaco", Aristóteles expone que la virtud humana no es una facultad, sino un hábito. Surge como consecuencia del aprendizaje y la práctica.

"El ignorante afirma. El sabio duda y razona".

Aristóteles

Aristóteles decía que cualquiera que quiera llevar una buena vida debe ser capaz de cambiar y formar hábitos. Los hábitos a la larga dan lugar a virtudes. Una virtud sólo se adquiere si practicamos hábitos todos los días. La motivación para crearlos es pensar que a la larga llevarás una vida buena y feliz.

Al empezar a crear hábitos nuevos llegarán pensamientos del tipo: "No pasa nada si lo dejo un día" o "no estoy avanzando". Es algo normal. Lo determinante es estar dispuesto a ir contra ese deseo y observar cómo cada día resulta más fácil y se vuelve más natural.

En el caso de los hábitos, cada cual posee distintos. Estos tienen un impacto importante en nuestra forma de sentirnos y de ver las cosas. Como expuse anteriormente, los hábitos dan lugar a virtudes.

Observar tus hábitos te hará consciente y con ello serás capaz de mantenerlos en el tiempo. Si ahorro 20 euros un día o dos me puede parecer ridículo, pero si lo hago todos los días al final del año serán 7.300

euros. Cada pequeña acción diaria repetida en el tiempo adquiere una gran fuerza.

Si me alimento hoy con productos sanos no notaré ningún cambio, pero si durante 6 meses mantengo mi dieta, seguramente lograré perder los 5 kilos que me había propuesto. Las pequeñas decisiones y actos de cada día forman nuestro carácter.

"Tus hábitos se convierten en tus valores, tus valores se convierten en tu destino".
Mahatma Gandhi

Si no logras lo que te propones, tal vez debas cambiar tu manera de actuar, de pensar y de sentir. Si tú no cambias, nada cambia. Si te es difícil implementar nuevos hábitos, puedes ayudarte planificando de antemano el lugar y la hora a la que lo harás. Por ejemplo, en lugar de decir: "Quiero participar en una competición y quedar en una posición digna", resultará más viable si afirmas: "Entrenaré con mis compañeros todos los días de 20,00 a 23,00 de la noche en el parque".

Crea recompensas. Por ejemplo, mi recompensa después de dos horas de trabajo es un café y un delicioso bizcocho. Mi recompensa después de dos horas de deporte es un refrescante Aquarius.

Cuando estaba preparando mi primera exposición me levantaba todos los días a las 7.30 de la mañana, comía ligero cada día, descansaba media hora después de comer y volvía a pintar. Por la noche, charlaba con algún amigo para despejarme. Me acostaba temprano. Por las mañanas comía un sándwich vegetal mientras descansaba media hora. Solo me conectaba al portátil o el móvil durante 15 minutos cada día. Contestaba rápido y me olvidaba. Tenía un plazo para tener listas todas las obras. Si no hubiera fijado esos hábitos no lo habría logrado.

"Tus hábitos determinan tus resultados".
Jack Canfield

Encuentra hábitos que te conduzcan a conseguir la vida que quieres.

Priorizar las tareas. Empieza por las más importantes, a primera hora de la mañana tenemos más fuerza para resolver esas tareas.

"La acción expresa prioridades".
Mahatma Gandhi

Destina los primeros 90 minutos de cada jornada a lo que consideres más importante para ti. Decir no a reuniones que sabes de antemano que no hacen falta. Decir no a planes que no te gustan. Fijar una hora para parar de trabajar. Dar prioridad a las tareas que nos dan beneficio.

"Somos lo que hacemos cada día".
Aristóteles

La frase de Aristóteles se aplica a cualquier ámbito de nuestra vida. Incide en la misma idea constantemente. La práctica y la repetición constituyen la base del éxito.

Dalai Lama también nos habla de la aceptación. Aceptar a la gente, las situaciones, las circunstancias, aunque no nos gusten. Cuando aceptamos, sin oponer resistencia todo lo que ocurre a nuestro alrededor, nos liberamos.

"Aceptación no es resignación, pero nada te hace perder más energía que el pelear y resistir contra una situación que no puedes cambiar".

Dalai Lama

19. PRODUCTIVIDAD

"No esperes el momento ideal, jamás llegará. Empieza con lo que tienes y ve consiguiendo más herramientas en el camino".

Napoleón Hill

Napoleón Hill es el escritor de autoayuda y superación más prestigioso del mundo. Su libro "Piense y hágase rico" es considerado uno de los libros más vendidos en el mundo. Algunas de las ideas de este libro y de otros muchos libros de diferentes autores, provienen de él.

El momento ideal para cada proyecto es el que tú decidas para empezar. Ese es el indicado. Por ejemplo, Amazon empezó siendo una tienda virtual de libros. Fue incorporando más servicios poco a poco. Si hubiera esperado el momento ideal jamás existiría el Amazon que conocemos hoy en día.

"El éxito no es definitivo, el fracaso no es fatal; lo que realmente cuenta es el valor para continuar".
Winston Churchill, primer ministro británico.

"Aprender a decir no. Aprender a delegar tareas para dedicarte a lo verdaderamente importante"
Steve Jobs

Es mejor decir no a todo aquello que nos separa de nuestros objetivos. Si cada día estamos viendo series en las plataformas o navegando en nuestras redes sociales varias horas sin que nos aporte valor, eso no nos acerca a nuestro objetivo. Necesitamos filtrar la información que nos llega, elegir la que me interese.

Si dedicamos más tiempo del necesario a cada tarea estamos alejándonos de nuestras metas. Es necesario fijar pequeñas metas y asignar límites de tiempo a cada una para finalizarlas en el tiempo estimado.

Un gran objetivo se divide en pequeñas metas, que juntas nos llevarán a completarlo. A cada una de esas pequeñas metas intermedias debemos asignarles una fecha para completarlas, sin desvíos ni interrupciones.

Si no organizamos el tiempo de trabajo, se retrasa enormemente la llegada al objetivo.

"Aumentando tus experiencias vitales, aumenta tu creatividad".
"Analiza tu día a día. ¿Estás realmente haciendo lo que quieres hacer?".

Hacer descansos, meditar, pasear, reírse y charlar con los amigos, son actividades que aumentan la productividad.

Está comprobado científicamente que parando de vez en cuando y realizando una pausa para realizar algunas de estas actividades aumenta el rendimiento.

Mientras trabajas configura tu teléfono en modo silencio. Si alguien te llama y contestas, significa que estás hablando cuando es conveniente para ellos, no cuando lo es para ti. Mantén tu teléfono en silencio y recupera el control. Así podrás mantenerte enfocado en lo que estás haciendo.

Asigna una hora específica para consultar tu correo electrónico. No lo revises varias veces a lo largo del día, con una basta. Anular la suscripción a boletines. Todas estas distracciones son ladrones de un tiempo precioso.

Mientras estás concentrado en una tarea importante desactiva el correo electrónico, el teléfono, las aplicaciones y todo lo que pueda distraerte. Una interrupción supone una pérdida de tiempo enorme. Volver al estado de concentración en el cual rendimos a un alto nivel requiere de un periodo de tiempo para alcanzarlo y recuperarlo.

Bloquea horas para tus tareas importantes. Que nada ni nadie te moleste. Encuentra tu manera de organizarte para ser más eficiente.

Mi rutina para escribir este libro es la siguiente:

Desconecto el teléfono y el portátil para centrarme en escribir.

Asigno unas horas determinadas al día para mi tarea.

Me organizo un objetivo diario, un número de páginas que debo escribir.

No permito que nada me distraiga cuando estoy concentrado.

Hago pausas para pasear veinte minutos, charlar, cocinar o cualquier otra actividad que me permita desconectar totalmente para descansar la mente.

A primera hora de la mañana medito. Camino todos los días al menos 6 kilómetros. Bebo mucha agua.

Teniendo en cuenta el objetivo final me fijo pequeños objetivos y les asigno una fecha límite.

"No es que tengamos poco tiempo, sino que perdemos mucho".
Séneca

Si me siento bien, mi productividad aumenta. Me siento mejor buscando el lado positivo de las cosas, no utilizando palabras negativas, haciendo ejercicio físico, meditando, visualizando mis deseos, descansando, sonriendo, teniendo siempre proyectos e ilusiones por cumplir, alimentándome bien, charlando con amigos, ayudando a otros, utilizando palabras positivas al expresarme o cuando pienso, etc…

Con nuestra forma de comportarnos podemos cambiar la forma en que nos sentimos.

"La pasión es un combustible para hacer funcionar el motor y aumentar la productividad".

Myra Yadav

Acepta el presente tal cual es. Haz una lista de deseos. Lee la lista de deseos cada día por la mañana y por la noche para recordar la dirección a la que te diriges. La ilusión es el motor de la productividad.

Lo que hacemos cada día va construyendo nuestro futuro. Hay infinidad de caminos para llegar a nuestros deseos.

20. OBJETIVOS

Tener un objetivo te hace levantarte cada día con ilusión y fuerzas. Tener objetivos es un regalo, es lo que nos llena de vida.

Haciendo el Camino de Santiago me levantaba cada día con mucha vitalidad. Todos los peregrinos se levantan muy temprano para cumplir su objetivo de cada día, con ilusión por hacer el número de kilómetros correspondientes. Con ganas de vivir ese día y las aventuras que nos depara. Esa actitud diaria es la que te da alas, es el estado mental en el cual cumples todas tus metas. Pletórico de energía. Cada día cumples con las rutinas que te llevan a un elevado estado de ánimo: beber mucha agua, hacer deporte o al menos caminar, estar en contacto con la naturaleza, conversar con amigos… Estas mismas actividades, haciéndolas en mi vida diaria, son las que me hacen sentir súper productivo y con ganas de comerme el mundo.

"Cuando el objetivo te parezca difícil, no lo cambies, busca un nuevo camino para llegar a él".

"Así como el agua toma la forma del recipiente que la contiene, un hombre sabio debe adaptarse a las circunstancias".

Confucio, filósofo chino.

Estas enseñanzas, sin saberlo, las seguí yo mismo para hacer mis películas. Amoldándome a las circunstancias, siendo flexible. Yo no quería cambiar los guiones de mis películas, pero si me hubiera negado a cambiarlos jamás habría hecho las películas. Los cambié, aunque no me gustara la idea, porque era la forma de poder hacer realidad mis sueños y ser capaz de filmar y terminar mis películas.

Con mis obras de arte ocurrió lo mismo: fui flexible, estuve en constante cambio, aprendiendo, experimentando y dejando mi alma libre para expresarse sin cerrarme en una única manera de pintar, fotografiar o realizar las obras. La misma libertad es la que te muestra el camino para expresarte.

Al principio, durante un tiempo, tenía mi mente cerrada a una única idea en la cual quería realizar mis obras de arte. Una vez que rompí el molde y seguí evolucionando, llegué a mi destino.

El arte es dejarse llevar, modificar, experimentar, equivocarse, aprender, probar, errar, seguir y estar libre sin ataduras.

Nunca cambié mi objetivo. Pero cuando me atascaba o creía que no llegaría a él, sí cambiaba mis caminos para poder alcanzarlo.

Me adapté a las circunstancias. Perdí mucho tiempo mientras no me adaptaba, cuando aún permanecía anclado a mis viejas ideas o pensaba que solo había un camino.

"Un objetivo sin un plan es solo un deseo"

Antoine de Saint-Exupery, autor de "El Principito", el segundo libro más vendido de la historia.

Cada objetivo debe contener, no uno, sino varios planes para alcanzarlo, por si el rumbo de las cosas cambia a mitad de camino.

Antoine de Saint-Exupery en su obra "El Principito" nos deja muchas enseñanzas.

"Caminando en línea recta no puede uno llegar muy lejos".

Hay que destacar la importancia de tomar diferentes caminos si es necesario, sin miedo al riesgo. No tener miedo a equivocarse y adaptarse al cambio.

"Los hombres ya no tienen tiempo para conocer nada"

En una época con tanta tecnología, es importante conservar la comunicación real con los compañeros, con los amigos, con la gente que nos rodea. Dedicar tiempo para las relaciones, que son muy importantes.

"Es mucho más difícil juzgarse a sí mismo, que juzgar a otros. Si consigues juzgarte rectamente es que eres un verdadero sabio"

Es necesario respetarse a uno mismo y respetar a los demás. No criticar a los demás, sino centrarse en mejorar uno mismo.

"Solo hay que pedir a cada uno, lo que cada uno puede dar".

Un buen empresario conoce las habilidades de sus empleados y sabe lo que cada uno puede aportar a la empresa.

"Principito: ¿y de que te sirve poseer estrellas?
Me sirve para ser rico. ¿Y de que te sirve ser rico? Me sirve para comprar más estrellas".

Acumular riquezas no es el camino para El Principito. Reinvertirlas para crear más negocio o "compartirlas" para crear más economía, sí lo es.

"¡Yo soy un hombre serio! ¡Yo soy un hombre serio!"

Ser serios no conduce a una mayor productividad sino todo lo contrario. Está demostrado científicamente que la risa y el humor contribuyen a mejorar la productividad de las empresas.

"En el planeta de El Principito había semillas terribles, las semillas del baobab, que podían llegar a destruirlo todo"

Como en El Principito, es mejor alejarse de las compañías tóxicas que pueden arruinar nuestro negocio.

Cuando el plan que tienes para llegar a tu objetivo no funciona o no termina de despegar hay que cambiar de plan para llegar a tu objetivo. Si siempre me diera cuenta de hacerlo antes, hubiera ganado mucho tiempo.

Si no funciona, podemos inventar otro camino. Y si ese otro no funciona, otro más, y así sucesivamente... Hasta que encuentres el camino que te conduce a tu meta. Es mejor tener varios planes alternativos por si uno no funciona. Probar, hasta que lo consigamos. Si lo conseguimos a la primera, pues genial, ya no hay que probar más. Ojalá siempre fuera así de fácil... Si tenemos muy claro dónde queremos llegar, solo es cuestión de tiempo y persistencia. Cuando me he adaptado a los cambios, he llegado a mi destino. De lo contrario, me quedo estancado.

Con respecto a este tema, voy a contar otra de mis experiencias. Quería exponer en una galería de arte en Paris o Tokio, pero no tenía contactos ni conocidos. Pues busqué otro camino, las ferias de arte. De esa forma los curadores de arte me seleccionaron. Otro camino diferente que me permitió llegar al mismo lugar. Conseguido.

En otra oportunidad, quería incluir mi película en una plataforma para que mucha gente la pueda ver. Si mi película no la selecciona Netflix porque no tengo contactos ni amigos en Netflix, pues la coloco en otra plataforma como Amazon, donde tal vez te tratan mejor. O no. Netflix no la quiere ahora, pero dentro de dos meses quizás sí. Tal vez ya la habremos estrenado en cines y ya estemos felices, sabiendo que igualmente está disponible para todo el público, que es nuestro objetivo. Conseguido.

Buscar otro camino constantemente, de forma continua. Tener objetivos claros y diferentes maneras para llegar.

Otras citas para reflexionar:

"Empieza haciendo lo necesario, después lo posible y, de repente, te encontrarás haciendo lo imposible".
San Francisco de Asís

"Nuestra recompensa se encuentra en el esfuerzo y no en el resultado. Un esfuerzo total es una victoria completa"
Mahatma Gandhi

Si me esfuerzo con todas mis energías no tendré nada que reprocharme. Al final de mis días podré decir que hice todo lo que pude. No me quedarán remordimientos ni pensaré que podría haber hecho esto o aquello. Sino que estaré en paz porque lo intenté todo y di lo mejor de mí. Esa sensación de hacer todo lo que está en tu mano e intentarlo de todas las maneras posibles, a la larga te da una sensación de paz mental. Si no lo he intentado de todas las maneras posibles, no tendré esa sensación de tranquilidad.

Dalai Lama tuvo que exiliarse y organizar una resistencia pacífica desde el exterior. Tuvo coraje para huir de las tropas chinas disfrazado de soldado del ejército chino. Tuvo fe, un objetivo y un compromiso. Buscó la independencia política del Tíbet y transmitir los valores y filosofía del budismo.

"Si un problema se puede arreglar, entonces no hay necesidad de preocuparse. Si no tiene solución, de nada ayuda preocuparse".
Dalai Lama

"Cuando hay una tormenta, los pajaritos se esconden; pero las águilas vuelan más alto".
Mahatma Gandhi

Si pienso en grande y me enamoro de mis proyectos, encuentro la manera de hacerlos realidad. Si tengo dudas o miedo al fracaso invento todo tipo de excusas para no poder hacerlo, entre ellas: hay otros con más experiencia, no tengo suficiente dinero, no puedo competir con otros mejores, soy demasiado joven, demasiado viejo, todo es corrupto, solo lo consiguen los que tienen amigos poderosos, soy inferior etc…

"Quien realmente quiere hacer algo encuentra un medio. Quien no quiere hacer nada encuentra excusas"

Proverbio árabe

21. FORMACION CONTINUA

"La vida debe ser una educación constante".
Gustave Flaubert, novelista francés.

"Largo es el camino de la enseñanza por medio de teorías; breve y eficaz por medio de ejemplos".
Séneca, filósofo romano.

"Quien volviendo a hacer el camino viejo aprende el nuevo, puede considerarse un maestro".
Confucio, pensador chino.

La educación y la formación me han permitido progresar. Continúo aprendiendo continuamente nuevas técnicas de pintura y sobre fusión de obras digitales con físicas mediante profesores o de forma autodidacta. Mejorando en la producción de cine, asistiendo a programas o encuentros, optimizando la organización y gestión de mi empresa mediante mentores y nuevos socios, etc.

Requiero de una mejora continua en mi campo de trabajo si quiero seguir avanzando y progresando.

Mediante la educación surgen nuevas oportunidades laborales y empresariales. Formándonos constantemente alimentamos a nuestro cerebro para que se mantenga activo, ágil y creativo. Hace dos años comencé a aprender francés. Eso me abre nuevos horizontes y oportunidades para realizar nuevos proyectos en ese idioma. Además, aprender fortalece la memoria y previene enfermedades mentales.

"En educación más importante que ganar tiempo es, precisamente, perderlo".
Jean-Jacques Rousseau

No hace falta hacer una carrera, un máster o un curso especial. En mi caso, tomé clases puntuales durante un mes en cada una de estas artes. Posteriormente, me seguí formando de manera autodidacta, viendo a otros maestros en internet, aprendiendo de otras personas que ya sabían hacer lo que yo quería conseguir. Experimentando, cometiendo errores, corrigiendo y viendo videos en You Tube. Actualmente, el conocimiento está al alcance de todos, solo hay que tener claro lo que quieres aprender y a dónde quieres llegar.

Mi cortometraje "Sonata" lo hice para seguir aprendiendo con un grupo de amigos. Lo hicimos todos colaborando, en un fin de semana, sin presupuesto. Mi intención era seguir aprendiendo, sin ninguna pretensión. Finalmente, ese cortometraje me llevó al Festival de Cannes.

"La educación es el arma más poderosa que puedes usar para cambiar el mundo".
Nelson Mandela, presidente de Sudáfrica y Premio Nobel de la Paz.

Un gran ejemplo del poder de la educación y formación lo tenemos en Nelson Mandela.

Mandela, defensor de los Derechos Humanos, fue encarcelado. Mientras estaba en prisión, inició estudios por correspondencia para obtener el título de licenciado en Derecho por la Universidad de Londres.

Fue trasladado a la isla de Robben, donde permanecería por dieciocho años. Fue confinado a una celda húmeda de 2,4 metros de alto por 2,1 metros de ancho con una estera de palma para dormir. Le hacían trabajar en una mina de cal y no se les permitía utilizar gafas de sol, por lo que el resplandor de la cal dañó su visibilidad. Por la noche continuaba con sus estudios de Derecho. Su madre y su hijo primogénito murieron mientras él estaba en prisión, pero no le permitieron asistir a los funerales.

Muchísimos años después, ya siendo excarcelado, fue elegido el primer presidente de raza negra en la historia de Sudáfrica.

Mandela fue capaz de seguir formándose en unas condiciones infrahumanas, ¿Cómo no seremos nosotros capaces? Mandela gracias a su aprendizaje continuo, incluso en las condiciones más adversas, consiguió finalmente sus objetivos y logró cambiar su mundo.

22. SABIDURÍA

No debemos dejar de aprender de lo nuevo y de lo antiguo, todo encierra una información útil. La sabiduría y las señales están por todas partes.

"Respétate a ti mismo y otros te respetarán".
Confucio, pensador chino, fundador del confucianismo

La confianza en nosotros mismos es fundamental. Si estamos seguros de nosotros mismo atraeremos a otras personas para construir equipos que nos permitan alcanzar nuestras metas.

Si no tenemos confianza en nosotros mismos, eso se refleja en el exterior. Y no resultamos atractivos a los ojos de otras personas para entablar relaciones personales ni laborales.

Cuando tengo confianza aparecen los milagros y las nuevas oportunidades. Ese estado es como una energía que desprendemos y que atrae a personas positivas y cosas buenas hacia nosotros. Piénsalo. Piensa en algún momento de tu vida en el que te hayas sentido con mucha confianza, energía y fuerza. Es en esos momentos en los que atraemos todo lo bueno que hay a nuestro alrededor.

Los días en los que me siento con mucha confianza, todo es mucho más fácil. Para sentirme así lo consigo de diversas formas: recordando mis éxitos, haciendo deporte, bebiendo mucha agua, alimentándome bien, no comiendo en exceso, conversando con amigos, riendo, meditando, escuchando música alegre, consiguiendo algún pequeño objetivo cada día y ayudando a los demás. Estas son solo algunas de las maneras en las que consigo sentirme así. Hay muchas otras, cada uno tiene que encontrar su forma de llegar a ese estado de confianza.

"El caballero se culpa a sí mismo. El hombre ordinario culpa a los demás".

Confucio

Tener responsabilidad por los propios actos. No culpar a los demás, a la suerte, al gobierno o a las crisis. Sin excusas, la responsabilidad es solo nuestra. Al pensar así, nos enfocamos en realizar acciones para realizar nuestros sueños , sin depender de factores ajenos que no podemos controlar. En caso de equivocarnos, intentamos imaginar de qué otra forma podemos hacer realidad nuestros sueños, sin buscar excusas. De esta manera, tenemos más poder.

Sin buscar excusas ni culpar a otros es más fácil centrarse en trabajar, ya que todo depende de nosotros y de lo que hagamos. Con lo cual, no desperdiciamos energía inútilmente.

Cada día que pasé en el camino de Santiago tenía un objetivo que dependía solo de mí y de nadie más. No valen las excusas, no vale culpar a otros. Si no lo consigues es porque no pones toda tu energía en ello. Si no llegas, tú eres el único responsable.

Lo mismo ocurre en una empresa, sino cumplimos con nuestros objetivos es porque no tenemos la suficiente creatividad, flexibilidad, valor o no sabemos delegar en nuestros trabajadores. Tal vez, nuestro producto, películas, libros u obras no son buenas, no sabemos liderar o cualquier otra causa. Ninguna otra persona tiene la culpa. Lo que tengo que hacer es examinar la situación y ver que estoy haciendo mal. Corregirlo, mejorar y seguir. O bien, cambiar el rumbo.

Es importante estar continuamente aprendiendo, formándome, mejorando, buscando nuevas soluciones y caminos, haciendo ajustes continuamente.

"Cuando es obvio que las metas no pueden ser alcanzadas, no ajustes las metas, ajusta los pasos de acción".
Confucio

Mantengamos siempre el foco en nuestra misión, pero al mismo tiempo, seamos flexibles para cambiar los caminos o formas de llegar a ella. Tengamos la mente abierta para saber reconocer que el camino que transitamos no da resultados y seguir persiguiendo nuestra meta, pero por otro camino diferente.

"La mayor gloria no está en no caer nunca, sino en levantarnos cada vez que caemos".
Confucio

En todas las películas de superhéroes ocurre. El héroe es derrotado en algún momento de la historia y siempre vuelve a levantarse para seguir luchando, lo que finalmente lo lleva a la victoria. Si se quedara derrotado en el suelo y no se levantara para seguir luchando, aun cuando todo está perdido, jamás tocaría la gloria. Los superhéroes se levantan las veces que haga falta para llegar a la victoria. En la vida real, los más grandes emprendedores fueron derrotados alguna vez antes de alcanzar el éxito. Los que se levantan y siguen luchando lo consiguen.

"Lo que no quieres que te hagan a ti, no lo hagas a los demás".

Confucio

El producto que vendas debe ser un producto que tú comprarías. Si a ti no te gusta que te engañen, no engañes a los demás. Si tú quieres un producto de calidad a un buen precio, eso mismo debes ofrecer a los clientes. Lo mismo que querrías para ti es lo que debes ofrecer: honestidad y transparencia. Trata a tus socios y colaboradores como a ti te gustaría que te trataran. Según Confucio, la vida es karma. Lo que das es lo que recibes.

23. Mensajes del Cine

En mi trabajo como cineasta me encanta extraer mensajes y valores que nos transmiten algunas películas. Por ejemplo, ¿qué tienen en común el filósofo chino Confucio y el boxeador Rocky Balboa?

"Si eres persistente, obtendrás resultados". "La mayor gloria no está en no caer nunca, sino en levantarnos cada vez que caemos". Estas frases y otras de Confucio, Rocky las replica y las lleva al límite para conseguir la victoria.

"Se trata de qué tan duro te pueden golpear y sigas adelante".

Rocky

Seguir adelante a pesar de las dificultades. Sobreponerse a ellas. Espíritu de superación.

Personalmente, busco películas que me inspiren y música que eleve mi espíritu. Un buen libro que haga volar mi imaginación o uno que sea como tener una conversación con una persona sabia. Busco todo lo que contribuya a elevar mi estado de ánimo y darme más energía. Personajes reales como Confucio y otros de ficción como Rocky, nos dan lecciones. El refranero popular "el que la sigue la consigue", está basado en la experiencia de la vida y los hechos. Tomar como referentes a ciertos personajes y tenerlos presentes me ayuda a seguir esforzándome. Porque, al final, llega la recompensa. Lo único que no sabemos es el momento en el que llegará. Pero siendo persistente todo llega. Si los demás lo consiguen, ¿por qué yo no? En lugar de envidiar a esa persona que ya ha conseguido lo que anhelo, la tomo como ejemplo y la estudio para saber cómo lo ha hecho.

La fe en uno mismo es algo esencial en el camino. No perder nunca esa fe es clave.

Aunque la situación parezca que no tiene solución, con creatividad e imaginación se puede dar la vuelta a todo. En una de las empresas que estuve trabajando, mi misión era revisar contratos de cantidades elevadas y dar de alta a nuevos clientes de mucho volumen de facturación. Todas eran tareas para realizar sentado frente al ordenador.

Por mi naturaleza necesito moverme. No resisto dos mañanas seguidas sentado en una oficina. Todos me decían que tenía mucha suerte, que era un trabajo fantástico. Además, había días en los que no había trabajo. Tampoco puedo estar sentado sin nada que hacer o simulando que trabajo cuando es mentira.

Todos los trabajadores de la empresa me decían que eso era lo mejor que me podía pasar.

Pero yo necesitaba metas, necesitaba sentirme útil y ayudar a la empresa a ser más grande. Como los jefes intermedios no querían trabajar ni progresar, ideé un plan directamente para el jefe de toda la región. Entonces, lo presenté y le solicité una reunión junto con los demás equipos.

Después de aquella reunión, la situación cambió. Gracias a mis nuevas ideas, creatividad y sugerencias para mejorar la productividad de la empresa, pude empezar a tener reuniones fuera de la oficina, que era lo que tanto deseaba.

Todo lo que hice fue sentarme un mañana en una mesa sin que nada ni nadie me molestara, concentrado. Solo, con un papel y un lápiz o con el portátil. Sin nada que me distrajera. En silencio. Concentrado, pensando en posibles soluciones. Estas fueron apareciendo. Las escribí y las revisé detenidamente para elegir la mejor opción. No me levanté de allí hasta tener claro que había encontrado una nueva y diferente forma de trabajo que beneficiara la empresa y a mí.

Lo único que hice fue "inventar" nuevas formas de trabajar. Pensar concentrado con creatividad hasta dar con la "formula". Solamente pensar.

Otras veces, las mejores ideas se me ocurrían cuando estaba solo y en silencio, por ejemplo, en una iglesia. Un lugar perfecto para meditar o reflexionar, independientemente de que seas religioso o no. Es un lugar en el cual encuentro la paz para clarificar las ideas. Soy mucho más productivo y eficiente cuando tengo todos los días ese rato de paz para pensar tranquilo.

"Una mente en calma trae fuerza interior y confianza en uno mismo".
Dalai Lama, Premio Nobel de la Paz.

También la intuición es un arma mágica y poderosa para mí. Es una señal, que a veces puede hacernos pensar que una idea es extravagante o loca pero, en mi caso, cuando la sigo, no suele fallar.

"Donde hay paz y meditación no tienen cabida la ansiedad y la duda".
Francisco de Asís

"La mayor pelea es contra nosotros mismos y nuestros miedos"

Rocky

No hay enemigo mayor que nuestros miedos e inseguridades. Debemos superarnos a nosotros mismos y mejorar cada día.

"Respeta a tus mentores".

Rocky

En el camino, respeta a los demás, a tus maestros, a la gente que te quiere y a tus enemigos. Ser humilde para seguir aprendiendo.

No hay que pensar mucho sobre estos conceptos. A quien los aplica, le funcionan.

Si respeto y agradezco a todas las personas que me han ayudado en el camino, me siento más feliz. Siento más paz. Tengo fe, que es lo que me hace superar las dificultades, pues esa fuerza interior me guía y me lleva en volandas. Si aceptas que los obstáculos surgirán y que son parte del camino, es más fácil sortearlos, solucionarlos y seguir adelante.

Cuando actúas como los héroes, te sientes como un héroe. Si confías y crees, surgen las oportunidades.

24. ACTITUD

"Incluso la noche más oscura terminará con la salida del sol".

Víctor Hugo, escritor

"Donde una puerta se cierra otra se abre "

Miguel de Cervantes, escritor, autor de "El Quijote"

Antes de escribir "El Quijote", Miguel de Cervantes, participó en la batalla de Lepanto, en la que, como soldado, salió herido. Perdió el movimiento de su mano izquierda cuando un trozo de plomo le seccionó un nervio. Posteriormente, en su regreso a España, una flota turca le hizo preso y fue adjudicado como esclavo. Estuvo cinco años preso. A pesar de atravesar múltiples momentos de penurias, jamás dejó de escribir. Su actitud fue siempre la de seguir adelante pese a todas las dificultades. Las adversidades eran algo completamente normal, parte de su vida, y no le apartaban de seguir persiguiendo sus sueños.

Mis problemas no están a ese nivel, lo cual me hace darme cuenta de que no tengo ningún derecho a quejarme. Esto me motiva a darlo todo. Porque si otras personas con más dificultades consiguieron escribir obras maestras, ser presidentes, ayudar a miles de personas u otros grandes logros, ¿por qué no voy a ser yo capaz de conseguir lo que me proponga?

Cervantes decía: "Donde una puerta se cierra, otra se abre". Pensar así me ayuda a no perder el tiempo lamentándome con algo que ha salido mal e inmediatamente ponerme a trabajar buscando otra forma de lograrlo, o bien cerrar esa puerta y abrir otra nueva.

No conseguir financiación de una forma rápida para una de mis películas, me hizo iniciarme en la pintura y la fotografía. Gracias a esa "decepción", otra puerta diferente y maravillosa se abrió.

"No pienso en todas las desgracias, sino en toda la belleza que aún permanece".
Ana Frank

Ana Frank fue una niña alemana con ascendencia judía, mundialmente famosa gracias a "El diario de Ana Frank", la edición de su diario íntimo en el que dejó constancia de los casi dos años y medio que pasó ocultándose con su familia y cuatro personas más de los nazis durante la Segunda Guerra Mundial.

Al cumplir los trece años, Ana recibió de regalo un pequeño diario. Ese mismo día comenzó a hacer anotaciones. Ana y su familia fueron descubiertos y llevados a un campo de concentración donde murieron todos menos su padre Otto, que fue el que posteriormente publicaría el diario de Ana.

Incluso en esa horrible situación, la actitud de Ana la llevaba a buscar la belleza de la vida, tal y como ella misma dejó constancia en su diario.

"No veo mi cuerpo roto. Una persona nunca está rota mientras está viva".
Hugh Herr

Hugo Herr, es un reconocido ingeniero norteamericano que encabeza el laboratorio de biomecatrónica del Instituto Tecnológico de

Massachusetts. Es autor y coautor de 150 publicaciones y patentes. Fue nombrado "Líder de la Era Biónica" por la revista Time gracias a sus revolucionarios diseños de prótesis. Tenía 17 años cuando perdió las extremidades en un accidente de montaña. Eso no le impidió conseguir todos esos logros posteriormente.

Estas personas y muchas otras nos enseñan que lo importante no es lo que te ocurre, sino cómo reaccionas frente a ello. Cuando pensemos que tenemos mala suerte o que nos enfrentamos a grandes dificultades, cuando inventemos excusas para justificarnos de no conseguir lo que queremos, fijémonos en todas esas personas extraordinarias que sí se enfrentaron de verdad a enormes retos y los sobrepasaron. A veces, nuestros obstáculos no son nada si los comparamos con los de otras personas que sí actuaron como verdaderos héroes. No hay excusas, siempre habrá alguien que haya superado problemas o dificultades mucho más grandes que los tuyos. Que nos sirva de ejemplo para tomar fuerza, valor y coraje para alcanzar nuestros sueños.

No soy consciente de todo lo que tengo para agradecer cada día. Cuando medito y hago ejercicio doy gracias por poder ver, escuchar, andar, ser libre y por toda la belleza que nos rodea y no la vemos. Porque no nos paramos a mirar ni disfrutar. Esto me ocurre constantemente. Si no me paro a pensarlo, no soy consciente de ello. Cuando respiro, me desconecto de todo, cierro los ojos y me doy cuenta de lo afortunado que soy. Dar gracias por todo es otra forma de sentirse mejor cada día.

"Si no te importa lo que piense la gente, ya diste el primer paso hacia el éxito".

Paulo Coelho

Entiendo que haya gente a la que estos temas le entren por un oído y le salgan por el otro sin prestar atención. Yo también lo hacía. Pero, realmente, cuando practico todos estos hábitos de los que hablo en este libro me siento mucho mejor. Porque a mí me cuesta trabajo mantenerlos y llevarlos a cabo cada día. Hay días en los cuales vuelvo a ser el mono prehistórico que era. Pero cuando lo consigo la vida tiene otro color. El color de la fuerza, de la energía, de la inspiración, de ver todo de forma positiva.

25. MENTOR

"Un modelo a seguir es un mentor. Alguien a quien ves a diario y aprendes de él".

Denzel Washington, actor.

La figura del mentor para mí es fundamental. José y Félix son mis dos mentores. Sin ellos no hubiera logrado todo lo que tengo. No era mi intención, pero esta escritura me está sirviendo para darme cuenta aún más de lo agradecido que tengo que estar a tantísima gente que me han ayudado y lo siguen haciendo de forma desinteresada.

Solo por eso tengo que estar bien cada día y dar lo mejor de mí, para que estén orgullosos de mí. Para devolverles la confianza que me han brindado.

Me han apoyado infinidad de veces. En los momentos bajos para animarme; en los buenos momentos para compartir las alegrías. Han sido mis guías, mis orientadores y me han hecho darme cuenta de mis defectos y corregirlos a tiempo. Me ayudaron a no perder el tiempo, a ser más eficiente.

La figura del mentor es fundamental. Es nuestro "maestro", nuestro "padre", nuestro consejero.

Yo tengo la gran suerte, además de disponer de un equipo de consejeros, cada uno experto en su materia, al igual que Henry Ford. Lo agradezco. Expertos en el ámbito jurídico, en marketing, en estrategia, en economía… Un equipo al que puedo consultar. Como decía el gran Henry Ford, no me hace falta tener todo el conocimiento en mi cabeza, porque dispongo de una red de consejeros que me resuelven cualquier duda.

Tú también puedes tener tus consejeros, que al principio pueden ser tus propios amigos. Consúltales a cada uno solo en la materia en que sean expertos.

También hay una red de emprendedores en cada región o ciudad, que apoyan prestando servicio y poniendo a su disposición estos equipos de personas expertas. Los mentores y consejeros no tienen precio. Su valor es incalculable.

Me gusta comparar la vida real y las películas, encontrar inspiración en las películas. Muchos héroes tienen un mentor, sin el cual no lograrían realizar sus grandes hazañas.

Por ejemplo, Luke Skywalker, el maestro Jedi de Star Wars, tiene como mentor a Yoda, un gran maestro. Luke, antes de ir a la guerra, va a buscar a Yoda para que le instruya, lo ayude a mejorar como guerrero y pueda convertirse de verdad en "Jedi". Yoda le enseña a dominar la Fuerza.

Un mentor guía y muestra el camino para que las personas desarrollen sus habilidades. Es una fuente de inspiración y orientación para el equipo.

Yoda, por ejemplo, le ayuda a Luke a no caer en el lado oscuro, a superar sus miedos.

"El miedo lleva al enojo, el enojo lleva al odio, el odio lleva al sufrimiento. No te dejes vencer, actúa y sigue adelante".
Maestro Yoda

"Tus mentores en la vida son importantes. Elígelos sabiamente "
Robert Kiyosaki, autor de "Padre rico, padre pobre"

En la fotografía y el cine también tuve mis mentores. En Mallorca conocí a Pau, fotógrafo y a Martin, director de cine.

En ese entonces, me iba con Pau todas las tardes al rodaje de la película de Martin y aprendía cada día algo nuevo de fotografía, viendo cómo Pau trabajaba, estando a su lado. Además, disfrutaba mucho de nuestras conversaciones. El lugar de rodaje estaba a una hora en coche de Palma. Entonces, todos los días Pau me recogía y me iba con él. Gracias. Pau es el dueño de una gestoría, pero su pasión es la fotografía. Es un fotógrafo profesional, pero lo hace por pasión, como hobby, en su caso no para ganar dinero, sino para disfrutar. Para él es una necesidad hacer fotos, tanto como el respirar. Es su pasión.

Martin me invitó al rodaje de su película. Nos conocimos una noche, se lo pedí, y aceptó. Me trató desde el principio como a un amigo. Yo alucinaba en el rodaje. Era mi primera vez. Para mí fue muy importante estar allí. Al ver cómo lo hacían, me convencí de que era posible para mí también hacerlo. Martin me trató de maravilla. Era un hotel de cinco estrellas en la playa de Mallorca, en verano, en una playa de aguas turquesas cristalinas. Me invitaba cada día a comer con ellos en su mesa, con los actores principales y a dormir en el hotel si lo necesitaba. Martin, te tengo siempre presente.

Pau y Martin fueron mis mentores temporales en fotografía y cine, respectivamente. José y Félix mis mentores empresariales. Nuria mi mentora en la pintura y Pedro en la escritura.

Rubén, mi amigo, con el que ahora escribo guiones, también me enseña cada día. Somos un equipo en la escritura. Todo fluye sin ningún esfuerzo entre nosotros. Lo pasamos genial mientras lo hacemos. No es fácil encontrar personas con las que trabajar. Es una bendición, un regalo. Yo, si las encuentro, no las dejo escapar.

"Debemos encontrar tiempo para parar y dar las gracias a esas personas que marcan una diferencia en nuestras vidas".

John F. Kennedy

Gracias a todos y cada uno de mis mentores.

26. Sin Excusas

Hoy escucho a Madonna. Tenía todos sus discos y posters. Era una de mis ídolos. Siempre la he admirado como cantante, artista y empresaria. Siempre innovando, creando… Superándose. En lugar de sentarse y disfrutar de su éxito, constantemente está buscando crear un nuevo trabajo mejor que el anterior, sorprendiendo de nuevo, vendiendo más. Trabajando más duro. Me encantan sus videos y su música. Es actriz, cantante, compositora, empresaria, diseñadora de moda…

Nunca ha pensado en la edad que tiene. De hecho, cuando le preguntan por la edad, ella dice que es un estado de tu mente. Está a favor de sus millones de fans e ignora a todos los que la critican u "odian". Madonna se define como una luchadora. Se cuida físicamente y mentalmente para dar lo mejor en su trabajo, sin importar si tiene 30, 40 ,50 años o los que sean…

Cuando la han criticado e intentado arruinar sus nuevos lanzamientos de álbumes, ella ha tenido la sabiduría de convertirlo en éxitos. Ella sabe cómo hacer valer el dicho: "Si te dan limones haz una limonada". Innovadora, creativa, creadora de tendencias, diferente, única y original.

Una de sus frases favoritas es:

"The show must go on".

En algunos de sus conciertos, cuando ha tenido una caída o accidente, rápidamente se levanta, como si nada hubiera pasado, recupera rápidamente el ritmo de la canción y sigue bailando. "The show must go on".

Con confianza, entusiasmo, decisión y determinación, nada te frena.

"No importa quién seas, no importa que hiciste, no importa de dónde vengas, siempre puedes cambiar, siempre puedes convertirte en una mejor versión de ti".
Madonna

Pienso que cada día es una nueva oportunidad, un nuevo comienzo. No importa el pasado, ni quienes somos. Tampoco importa el futuro pues no ha llegado. Sólo tengo el día de hoy para acercarme más a mis sueños.

De esta forma, me motivo a mí mismo para aprovechar al máximo el día a día.

También me sirve pensar en que un día tiene 1440 minutos, y que cada segundo que pasa no volverá jamás. Ese tiempo ya se nos ha escapado. El tiempo es lo más preciado que tenemos y no lo valoramos. El tiempo no se puede comprar. Frente al tiempo todos somos iguales. La persona más rica del mundo no puede comprar más tiempo. Cada segundo, minuto, día que pasa ya no vuelve jamás. Si me hago consciente de este hecho, aprecio más el tiempo. Soy libre, puedo decidir en qué quiero invertir cada minuto de mi vida en función de mis prioridades. Todos tenemos una fecha de caducidad. Tener presente que todos moriremos ayuda a apreciar más cada momento. Cada minuto de cada día es un regalo.

"Mucha gente tiene miedo de decir lo que quieren, por eso no lo obtienen".

Madonna

Si soy claro y directo pidiendo lo que quiero, muchas veces me sorprendo de lo fácil que es conseguirlo. Cuando tengo miedo y no lo pido, a veces se convierte en una tarea casi imposible.

"Mejor vivir un año como un tigre que cien como una oveja".

Madonna

Si vivo como una oveja toda mi vida puede ser que cuando sea viejo y esté muriendo me arrepienta. En cambio, si hago lo que quiero, puede salirme mal, pero no me arrepentiré de haberlo intentado. Si no lo intento, sí me arrepentiré.

Imaginemos nuestro propio funeral. ¿Qué nos gustaría que la gente dijera de nosotros y de nuestra vida? ¿Qué recuerdos queremos dejar? Imaginar esa situación nos ayuda a reflexionar sobre nuestras acciones y nos impulsa a emprender cambios para ir en la dirección correcta.

"No quiero nada fácil. Lo fácil no te hace crecer. Lo fácil no te hace pensar".

Madonna

Pensar así me ayuda. Me ayuda pensar que llegaré a un sitio más bonito, más creativo y más poderoso si el camino es difícil.

27. El Miedo

El miedo me paraliza, me produce sentimientos negativos, me impide tomar decisiones, me hace dudar de mis capacidades, me quita mi confianza y me impide avanzar.

"Deja que tu fe sea más grande que tu miedo"
Lucas 18,35-43

El miedo nace por la ansiedad de lo que pueda ocurrir antes de que pase. Lo más seguro es que lo que temo no llegue a ocurrir. Si pienso de esa forma me doy cuenta de que no merece la pena perder mi tiempo preocupándome por algo que ni siquiera ocurrirá.

"El que teme que sufrirá, ya sufre lo que teme"
Michel de Montaigne

Otra forma de liberarme del miedo es mediante la acción. Si actúo no tengo tiempo de pensar en el miedo, voy avanzando y despejando ese miedo.

Además, tengo miedo de algo que yo creo que es malo para mí, pero todo depende del cristal con el cual lo miro.

"Los hombres no tienen miedo de las cosas, sino de la forma en que las ven"
Epicteto

"Uno de los mayores descubrimientos que hace un hombre, una de sus grandes sorpresas, es descubrir que puede hacer lo que temía que no pudiera hacer".

Henry Ford

El miedo reduce mi claridad mental y produce estrés. Si confío en mí y estoy seguro de mis posibilidades aparto el miedo con mi seguridad. Por eso debo estar siempre fuerte, cuidando mi cuerpo y mi espíritu.

Muchas personas tienen miedo de tener una relación con una chica o un chico, porque temen que les hagan daño. Cuando pierden el miedo, salir con una chica o un chico es lo mejor que les haya ocurrido jamás.

Superar el miedo implica conocer exactamente qué es lo que me causa temor y ser consciente de mi reacción emocional. La meditación o el mindfulness me ayudan a ver la realidad tal como es, no como yo la interpreto. El deporte también es esencial para mí. Si mantengo en forma mi cuerpo y mi mente, es muy difícil que tenga miedo a algo. Puedo tenerlo, pero lo acepto y me enfrento a él con ganas. Como un desafío deseado, pensando que me hará más fuerte.

"El que ha superado sus miedos será verdaderamente libre".

Aristóteles

Todo depende de nuestro punto de vista. Estamos condicionados por nuestra educación, la cultura, las personas que nos rodean y el lugar donde nacimos. Si hubiéramos nacido en la otra punta del mundo, pensaríamos de manera completamente diferente. Tendríamos otras costumbres, otros valores y comeríamos alimentos diferentes. Es normal tener miedo.

"Aprendí que el coraje no era la ausencia de miedo, sino el triunfo sobre él. El valiente no es quien no siente miedo, sino aquel que conquista ese miedo"

Nelson Mandela

Los miedos, la mayor parte de las veces, son creaciones de nuestra mente, que pensándolo fríamente nos hacen perder el tiempo mientras estamos preocupados sufriendo por ese miedo.

¿Cuántas veces he estado preocupado durante días, semanas e incluso meses por algo que luego nunca ocurrió? Cuánto tiempo perdido… Luego, cuando conquisto el miedo, qué bien me siento.

Otras armas infalibles son la risa y el buen humor. La risa nos libera de la tensión y el estrés, nos libera de las preocupaciones y de los miedos. Pruébalo. Cuanto más reímos, menos preocupados estamos.

También la respiración. Cuando tenemos miedo respiramos muy deprisa o dejamos de respirar. Si tomamos el control de nuestra respiración, cogiendo aire de manera consciente, y espiramos más largamente, nos tranquilizamos. Mientras respiramos podemos contar: uno, dos, tres…

"Los límites, como el miedo, son a menudo una ilusión".

Michael Jordan

28. Vencer la Pereza

Si tu desmotivación es porque no te gustan esas labores, puedes intentar automatizarlas, delegarlas, intercambiarlas con algún compañero de trabajo, "crear e inventar" nuevas formas de realizarlas.

Si es por miedo a hacer una tarea de forma incorrecta entonces puedes pedir ayuda o consejo.

Si es porque te abruma la tarea porque tu objetivo es muy grande, la solución puede ser dividirlo en pequeñas tareas. Es importante, además, poder premiarnos después de conseguir terminar cada pequeña tarea.

Mis posibilidades de ser perezoso aumentan cuando estoy agotado o de mal humor. Tengo días y momentos en los que soy mucho más productivo y eficiente. Como he escrito anteriormente, para tener el mayor número posible de esos buenos momentos lo que hago es descansar bien, hacer deporte, alimentarme de forma saludable y beber mucha agua, además de otros varios hábitos. Lo repito en varias ocasiones porque yo mismo necesito recordármelo constantemente.

Cuando controlo mi energía de esa forma y la mantengo, casi no tengo momentos de pereza.

Pero si, por el contrario, como mal o a todas horas sin parar, no hago deporte, no bebo agua y no medito, entonces trabajo mucho peor y de forma menos eficiente.

Me queda claro: los buenos hábitos son la base de todo.

"La pereza viaja tan despacio que la pobreza no tarda en alcanzarla".
Benjamin Franklin

"Quien quiere llegar busca maneras de hacerlo, quien no quiere llegar
busca excusas".

Proverbio árabe

También es importante suprimir las tentaciones. Si, por ejemplo,
soy adicto al chocolate, como era mi caso, pues es mejor no tener
chocolate a la vista, y si no tengo en casa, pues mejor.

Planeo el día anterior mis tareas. Al levantarme cada mañana tengo
claro lo que tengo que hacer, dividido en pequeñas tareas, tiempos de
descanso, con la hora de inicio y el objetivo de cada día.

Si no lo tengo planificado, es más fácil que caiga en la tentación
de mirar Instagram, Facebook o cualquier otra red social por 5 minutos
que se pueden convertir en una o dos horas de pérdida de tiempo.
Además, puede ser que desayune durante una hora y coma más de lo que
necesito, y luego me sienta pesado, etc.

"La pereza puede resultar atractiva, pero el trabajo duro da satisfacción".

Ana Frank

Recordar mis sueños y objetivos cada mañana al levantarme me
llena de vitalidad y fuerza. Si puedo imaginar claramente dónde quiero
estar dentro de un año y veo esa imagen de forma nítida, inmediatamente
mi cuerpo se llena de energía.

Como en el Camino de Santiago, cada día me levanto sabiendo mi
objetivo y la recompensa que me espera cuando llegue. Mientras tanto,
disfruto el camino. Conocer gente, charlar, caminar, estar en la naturaleza,

compartir y desayunar. Al llegar, una buena comida en reunión y descanso después del esfuerzo.

El motor es la motivación de estar más cerca del objetivo cada día.

Como en el Camino, que hice completo en 33 días de Roncesvalles a Santiago, el gran objetivo se divide en días y cada día en un número de kilómetros para conseguir un gran objetivo: hacer andando 750 kilómetros.

Cada día me imaginaba mi llegada a Santiago como algo mágico. No obstante, no me obsesionaba con eso, sino que pensaba en disfrutar cada día. Cada día recibía pequeñas recompensas; ricos desayunos, comidas exquisitas. Después del esfuerzo y de conseguir cada día ir eliminando kilómetros, todo sabía a gloria, todo me sabia riquísimo.

Con mis tareas en el trabajo funciono de la misma manera. Si las divido en pequeños objetivos es más fácil, así como recibir pequeñas recompensas. La clave está en pensar en el día a día y disfrutar de los pequeños placeres de cada día: una charla con un compañero, un rico desayuno, un paseo por el parque, escuchar música…

En el Camino te fijas un plazo. En 33 días tenía que terminar el recorrido. En el trabajo es igual. Para todas las tareas es mejor fijar una fecha límite, para poder así obligarnos a terminarlo en esa fecha.

No debemos olvidar los descansos. Si no descanso puedo lesionarme. Si descanso, retomo el Camino con más fuerza. Así que, el descanso, haga lo que haga, siempre es fundamental. Según la tarea, puede tomarse un descanso cada una o dos horas, por ejemplo.

"Mi ambición está limitada por mi pereza".

Charles Bukowski

Hay objetivos que parecen inalcanzables, pero precisamente esos son los que hacen que te sientas más orgulloso de ti mismo cuando lo logras.

Al principio parece imposible, pero no hay nada imposible. Lo más importante es dar el primer paso, y luego otro y otro…

Creía que era imposible crear un restaurante de la nada, de un local vacío en bruto, montar un restaurante y hacerlo funcionar, hacer una película, escribir un guion de cine, pintar un cuadro, hacer una exposición de pintura, participar en ferias de arte en Paris o Tokio, tener tus películas en Amazon Japón, USA, Movistar, etc., estrenar en cines y ver mis películas en pantalla grande, ganar premios de fotografía, aprender idiomas…

Ahora, si pienso en todos esos objetivos, en su momento los veía inalcanzables. Pero pasito a pasito, día a día, con pequeñas acciones, me fui acercando cada vez más. Lo importante fue tener siempre claro lo que quería y a dónde me dirigía.

29. El Poder del Pensamiento

"Según tu fe, te es dado".

Jesucristo

Mi madre se llama Esperanza. Ella simboliza para mí que todo es posible. Siempre me lo ha dicho. La Esperanza, como mi madre, me da ánimo y fuerza. Te reconforta, hace que nunca desfallezcas, te hace seguir adelante con energía y valor. La fe y la esperanza son dos emociones con muchísimo poder. Son la ilusión que nos da fuerza cuando quedan poca y nos levantan en los días que estamos más débiles.

La fe y la esperanza me hacen ver lo imposible como posible. Me imagino lo que quiero conseguir como una realidad. Es como un sueño, pero un sueño muy tangible, algo que ya puedo sentir y tocar.

El lugar al que quiero llegar ya es real en mi mente. Así es más fácil que sea posible en el mundo real. Porque ya lo he visto antes en mi mente. Jesucristo dice: "Según tu fe, te es dado". Si lo crees con fe, se realizará, porque lo ves con tanta fuerza, con tanta convicción que no tienes ninguna duda. Buda dice que somos el resultado de lo que hemos pensado. Dos de los más grandes maestros de toda la historia nos dicen que lo que piensas se hace realidad si lo crees con la suficiente fe e intensidad.

"Aplicando la ley de la atracción llegué al éxito".
Oprah Winfrey

La ley de la atracción nos dice exactamente lo mismo. Nuestros pensamientos atraen cosas. La ley de la atracción dice que atraemos a nuestras vidas aquello a lo que le prestamos atención, energía y enfoque. En el universo todo es energía y todo vibra.

Somos energía. Las ocasiones en las que he estado en paz conmigo mismo, en la naturaleza, cerca de amigos, de gente que quiero, alimentándome solo lo necesario, con mi mente lo más pura posible, sin sentimientos negativos, sin rabia, sin rencor, sin tristeza, ni pereza, ni envidia o cualquier otra emoción dañina. En esos momentos siento que soy energía.

Soy energía en los momentos en los que solo siento gratitud y admirando la belleza. Las veces en las que he sentido amor por todas las personas y seres vivos. Cuando he ayudado desinteresadamente a los demás, pensando en ellos antes que en mí. Cuidando mi físico cada día, cuidando mi mente. En esos momentos he sentido toda mi energía. He sentido que somos energía infinita e ilimitada y que podemos con todo sin ningún límite.

"Nuestra vida es un resultado de nuestros pensamientos dominantes".
Napoleón Hill

Si me mantengo enfocado en lo que quiero, eso llega antes a mi vida. A veces, sin darme cuenta, a lo largo del día me concentro en lo que quiero durante, por ejemplo una hora, pero, el resto del día, sin darme cuenta, me distraigo en tareas que no me reportan ningún beneficio y que me desvían del camino que quiero seguir.

Es muy importante ser consciente de cada una de mis acciones, pensar si me acercan al lugar donde quiero llegar. No perder el tiempo navegando en redes, interrumpiendo mi trabajo hablando horas por teléfono, o perdiendo horas con otras cosas que simplemente me distraen.

La organización es esencial. Yo no soy organizado, así que necesito en mi trabajo socios que sí lo sean. Así nos complementamos y cada uno de los socios aporta al otro las virtudes que le faltan.

Los pensamientos te llevan a las emociones, las emociones a las acciones y las acciones a los resultados.

Nuestras creencias están basadas en lo que escuchamos, lo que vemos, lo que nos dijeron desde que éramos pequeños, todo lo que nos rodeaba, padres, amigos, profesores. Todo eso nos ha hecho tener una serie de creencias que consideramos como verdaderas. Y esas creencias dominan nuestros pensamientos. Creencias que quizás nunca nos hemos cuestionado y que determinan nuestro pensamiento.

Si queremos cambiar nuestros pensamientos, tal vez hace falta reprogramar nuestra mente, reemplazar esas creencias con otras nuevas. Como en un ordenador, formatear el disco duro. Reiniciar nuestra mente, cambiar la programación.

"Somos el resultado de lo que hemos pensado".
Buda

No es fácil, pero si soy consciente de mis pensamientos, emociones y acciones, puedo intentar "modificar" mi comportamiento, corregirlo para mejorar como persona de la manera que yo quiera. Si soy consciente, soy capaz de analizar las causas que me llevan a las situaciones que vivo para continuar en la misma línea o no.

"Un hombre de carácter podrá ser derrotado, pero jamás destruido".

Ernest Hemingway

Si trabajamos nuestros pensamientos y nuestra conducta para tener un carácter optimista seremos fuertes en la adversidad. El optimista siempre encuentra un camino. Ve soluciones donde otros ven problemas. Tiene más creatividad e imaginación, por lo que no huye de los problemas, sino que los enfrenta de cara y los supera.

El amor también construye el carácter. En la película de Disney "Mulán", la protagonista femenina , para salvar a su padre, se hace pasar por hombre e ingresa en el ejército. Su talento, audacia, inteligencia y fuerza consiguen salvar a China de los invasores. Y todo eso lo consigue por esa energía imparable, que es el amor a su padre. El amor mueve montañas.

"El que permanece en amor, permanece en Dios y Dios en él".

Juan 4:16

"La grandeza del hombre radica en su poder de pensamiento"

Blaise Pascal

30. EL FRACASO NO EXISTE

El estrés es uno de los enemigos que debo mantener lejos de mí. Es un parásito que me roba mi energía y me hace perder el tiempo.

"Cuando reflexiono sobre todas estas preocupaciones, recuerdo la historia del hombre viejo que antes de morir dijo que a lo largo de su vida se había preocupado por muchas cosas, de las cuales la mayoría nunca sucedieron".

Winston Churchill, Primer Ministro del Reino Unido durante la Segunda Guerra Mundial y Premio Nobel de Literatura.

Churchill supervisó la participación británica contra las potencias del Eje. Estaba sometido a una situación de máximo estrés. De sus decisiones dependían la vida de millones de británicos e indirectamente también influía en la de los países aliados.

Churchill enfrentaba el estrés siendo un gran líder, enviando un mensaje de esperanza y éxito. Con esas virtudes muy presentes, sin un ápice de duda. Estaba totalmente convencido en la victoria, con una fe inquebrantable y la victoria en su mente. La frase "nunca te rindas" era muy utilizada por Winston.

Si estoy plenamente convencido de mi victoria, esta llega, de una manera u otra. Porque cueste lo que cueste, lo conseguiré. Y las derrotas no las veo como fracasos, sino como algo normal por lo que debo pasar para llegar a la victoria total y definitiva.

Existen muchas películas y casos verídicos como ejemplos de que después del mayor fracaso llegan los éxitos. Coco Chanel, Coach Carter, Erin Brokovich, Jerry Maguire, El Fundador, La Red Social e incluso Forrest Gump son algunos ejemplos de ello.

"Es imposible vivir sin fracasar, a menos que vivas con tanto cuidado que es lo mismo que no haber vivido. En ese caso, habrás fracasado de todas formas".
J.K. Rowling

Como dice Rowling, es imposible vivir sin fracasar. Y si no, es que ni siquiera hemos ido a la guerra. No hemos perseguido nuestros sueños. Entonces ya hemos perdido, aún sin comenzar. Quien no cree en la magia jamás la encontrará.

"Cuando se cierra una puerta, se abre otra. Pero solemos quedarnos viendo la puerta cerrada tanto tiempo que no vemos que se abrieron otras".
Alexander Graham Bell, científico e inventor.

Bell tampoco consideraba el fracaso. Más bien, al contrario, lo consideraba algo necesario y normal. Para él, que era científico, era parte de su día a día . Lo mejor que podemos hacer es pasar de página rápidamente e intentarlo de otra manera.

"Siempre es una buena idea hacer algo relajante antes de tomar una decisión importante".
Paulo Coelho

Esta es una técnica que siempre funciona. No es buena idea tomar decisiones cuando el estrés nos domina. Lo he comprobado muchas veces. Ser impulsivo a veces me puede jugar una mala pasada. Puedo hacer o decir algo de lo que más tarde me puedo arrepentir. Sin embargo, cuando maduro la decisión, la consulto con mi equipo, salgo a andar un rato, escucho música o cualquier otra cosa que me relaje y me distraiga, en ese momento, sí estoy preparado para tomar la decisión.

Paulo Coelho fue internado a los diecisiete años en un hospital psiquiátrico. A los veintiséis escribió a favor de la libertad, por lo que el régimen dictatorial lo consideraba una amenaza. Lo detuvieron y encarcelaron. Luego, cuando lo liberaron fue secuestrado.

Su libro más vendido, "El Alquimista", en su primera edición solo logró vender 900 ejemplares y la editorial decidió no seguir con la publicación. Años después, se convertiría en el libro más traducido de un autor vivo.

Después de todas esas vivencias, Paulo Coelho nos dice: "La vida no es ausencia de miedo, sino la fortaleza de seguir adelante a pesar del miedo".

Coelho sintió miedo a lo largo de su vida muchas veces. Pero aprendió a superar su miedo. No tuvo más remedio que aprender a tener fortaleza para superar todos los fracasos y situaciones de estrés a las que estuvo sometido.

"Nuestra ansiedad no se produce por pensar en el futuro, sino por querer controlarlo"

Kahlil Gibran

Puedes contactar con Antonio Donaire enviándole un e-mail a
donaire.films@gmail.com